普通高等教育“十四五”经济与管理类专业核心课程系列教材

统计学——原理、方法及应用学习指导书

主　编　汪　朋
副主编　苏　婕

西安交通大学出版社
XI'AN JIAOTONG UNIVERSITY PRESS

内容提要

本书是西安交通大学出版社2016年出版的《统计学——原理、方法及应用》（汪朋主编）一书的配套用书。本书每一章内容大体上包括学习目的和要求、内容提要、学习重点与难点、教材“思考与练习”参考答案、补充练习题等部分。

内容提要部分概括性地介绍了每一章的主要内容和学习要点；教材“思考与练习”参考答案部分给出了教材课后习题的详细解答，供学生学习时参考；补充练习题部分增加了丰富的习题，题型包括选择题、判断题、填空题、简答题、计算题等多种题型，这些题目有助于学生对有关概念、原理和方法的进一步理解和掌握。

本书可作为理、工、经济、管理、人文社会科学专业的学生用书，也可作为教师的教学参考书。

前言

Foreword

在大数据时代的今天，统计学作为有关数据的科学，已逐渐成为经济、管理、理工等各类学科的各个本科专业必修的基础课程。而统计学作为一门课程，具有很强的操作性和实践性。要学好这门课程，必须通过大量的练习，才能理解统计分析中常用的概念、基本原理，才能熟练掌握和应用其基本分析方法。

为了配合本科的统计学教学，帮助学生更好地掌握这门课程，我们编写了这本学习指导书。本书是西安交通大学出版社2016年出版的《统计学——原理、方法及应用》（汪朋主编）一书的配套用书。本书每一章内容大体上包括学习目的和要求、内容提要、学习重点与难点、教材“思考与练习”参考答案、补充练习题等部分。内容提要部分概括性地介绍了每一章的主要内容和学习要点；教材“思考与练习”参考答案部分给出了教材课后习题的详细解答，供学生学习时参考；补充练习题部分增加了丰富的习题，题型包括选择题、判断题、填空题、简答题、计算题等多种题型，这些题目有助于学生对有关概念、原理和方法的进一步理解和掌握。同时，为了便于学生自主学习，本书在最后的附录也给出了各章补充练习题的参考答案。

本书由汪朋担任主编，苏婕担任副主编。汪朋主要负责本书大纲的设计及第一、四、六、七、八、九章内容的编写，其余三章内容由苏婕编写。在本书的编写过程中，我们参考了国内外一些教材、习题集和辅导书，在此向这些教材、习题集和辅导书的作者表示衷心的感谢。

本书是西藏民族大学“特色教材建设”项目、“经济统计学专业综合改革”项目和“统计学专业实践教学模式创新研究”项目的阶段性成果，本书的出版得到了西藏民族大学“特色教材建设”项目的经费支持，在此表示感谢。本书的出版也得到了西安交通大学出版社的大力支持和帮助，特别是出版社的李逢国老师为本书的组稿、编辑做了大量的工作，在此也表示衷心的感谢。

本书可作为学生用书，也可作为教师的参考书。受作者水平所限，书中难免存在错误和不当之处，恳请使用本书的老师、同学批评指正。

汪朋

2016年7月

目录
Contents

第一章 总论

学习目的和要求

本章从整体上对统计学的内容框架和有关基本概念进行了介绍，为以后各章的学习奠定基础。通过本章的学习，应该理解统计的含义、研究对象及特点，了解统计研究的基本方法和基本内容，统计学与其他学科的关系，熟练掌握本章介绍的统计学中的一些基本概念。

内容提要

一、统计学的产生和发展

（一）统计实践的产生和发展

统计实践活动先于统计学的产生。从历史上看，统计实践活动自人类社会初期，即还没有文字的原始社会起就有了。17 世纪以后，随着统计实践的发展，客观上要求总结丰富的实践经验，使之上升为理论，并进一步指导实践。统计学作为一门科学，才应运而生。

（二）统计学科的产生和发展

1. **统计学的萌芽期：17 世纪中叶至 18 世纪中叶**

这是古典统计学时代，统计学理论初步形成了一定的学术派别，主要有国势学派和政治算术学派。国势学派的代表人物是德国的海尔曼·康令和阿亨华尔。阿亨瓦尔首次使用了“统计学”这一名称，但国势学派缺乏对事物数量的分析和研究，只有统计学之名而无统计学之实。政治算术学派的代表人物是英国的威廉·配第和约翰·格朗特。威廉·配第在 1671—1676 年间写成的《政治算术》一书，是统计实务上升到理论和方法的标志。比较遗憾的是，政治算术学派的学者没有使用“统计学”这个名称，他们的著作有统计学之实，却没有统计学之名，存在着名不副实的缺陷。

2. **统计学的近代期：18 世纪末到 19 世纪末**

著名的大数法则、最小平方方法、相关与回归分析、指数分析法、时间数列分析法以及正态分布等理论都是这个时期建立和发展起来的。代表学派主要有数理统计学派和社会经济统计学派。

3. **统计学的现代期：20 世纪初至今**

这一时期的主要特征是描述统计学已转向推断统计学。统计理论和方法有了广泛的发展，进一步开发出一系列新的统计研究方法，并且将统计研究方法与电子计算机应用密切结合，开发了一系列功能齐全、数据处理能力较强的统计专用软件（如 SAS、SPSS、S-PLUS、R

等),使统计学成为一门与现代计算工具密切相关的方法论科学。

二、统计学的研究对象和方法

(一)统计的含义

"统计"一词包含有统计工作(活动)、统计资料和统计学等三种含义。

统计工作:即统计实践或统计活动。它是指对社会、政治、经济、文化等现象的数量方面进行搜集、整理、分析的工作活动过程的总称,即一种调查研究活动。

统计资料:是统计工作的成果。它是指统计部门或单位进行工作所搜集、整理、编制的各种统计数据资料的总称。

统计学:是有关数据的学科,是一门搜集、整理和分析统计数据的方法论科学,即统计理论。

统计工作与统计资料是过程与成果的关系,通过统计工作可以取得统计资料,反过来进行统计工作,往往需要一定的统计资料作为工作的依据。统计学和统计工作之间存在着理论和实践的辩证关系,统计学是统计工作经验的总结和概括,反之,统计学所阐述的理论和方法又是指导统计工作的原则和方法。

(二)统计学的研究对象

统计工作研究的是大量的具体现象的数量方面,包括数量特征、数量关系和数量界限。而统计学研究的则是大量具体现象具体数量规律的方法,即统计工作的方法论。

(三)统计学的学科分类

根据统计学研究对象的内容可以将统计学分为描述统计学和推断统计学两大类。

从统计方法研究和应用的角度可将统计学分为理论统计学(数理统计学)和应用统计学。

(四)统计学的研究特点

从学科上看,统计学是一门既不属于数学、也不属于其他相关实质性科学的一门具有"寄生性"的独立性的方法论科学。

从统计工作的方法上看,具有数量性、总体性、具体性、客观性、变异性和广泛性等六个方面的特点。

(五)统计学的研究方法

统计学的研究方法主要有大量观察法、统计分组法和综合指标法、统计模型法和归纳推断法等。

三、统计学中的一些基本概念

(一)总体和总体单位

1. 总体

总体是由客观存在的、具有某种共同性质的许多个别事物构成的整体,它是由特定研究目的确定的统计研究对象。具有客观性、大量性、同质性和变异性四个基本特征。

2. 总体单位

构成总体的个别事物就是总体单位。

3. 总体的分类

(1)按构成总体的单位数目是否有限,可以将总体分为有限总体和无限总体;

(2)按组成总体的同质性是否可以用数量来表达,可以将总体分为属性总体和数量总体;

(3)按总体单位是否可以相加,可以将总体分为可相加总体与不可相加总体。

4. 总体和总体单位的关系

(1)类似于集合与元素的关系;

(2)汇总关系:总体及其特征是由总体单位及其特征汇总过来的;

(3)两者在一定的条件下,可相互转化。

(二)标志和指标

1. 标志

标志用来说明总体单位特征或属性的名称。根据标志的表现的性质可以将标志分为品质标志和数量标志;根据变异情况不同,标志可以分为不变标志和可变标志。

2. 指标

指标是用来反映总体数量特征的概念及具体数值。它由指标名称和指标数值两部分构成,具有数量性、综合性和具体性。

3. 指标的分类

统计指标按其所反映的总体内容的不同,可分为数量指标和质量指标。按表现形式的不同,数量指标也叫总量指标,表现为绝对数;质量指标可分为相对指标和平均指标,分别表现为相对数和平均数。

4. 总量指标的分类

按反映的内容不同,总量指标可分为总体标志总量和总体单位总量两种;按时间状况的不同,总量指标可分为时期指标和时点指标。

5. 常用的相对数

(1)计划完成相对数=(实际完成的绝对数/计划完成的绝对数)×100%

(2)结构相对数=(总体部分数值/总体全部数值)×100%

(3)比例相对数=总体某部分数值/总体另一部分数值

(4)比较相对数=某总体某一指标数值/另一总体同类指标数值

(5)强度相对数=某一总量指标数值/另一有联系而性质不同的总量指标数值

(6)动态相对数=(报告期水平/基期水平)×100%

6. 标志和指标的区别和联系

区别:①两者说明的对象不同:标志是用来说明总体单位特征的,而指标是用来说明总体特征的;②所有指标都能用数值表示,而标志中的品质标志则不能用数字来表示;③指标都是经过汇总而来的,而标志不一定经过汇总,可直接取得;④标志一般不具备时间、地点等条件,但作为一个完整的统计指标,一定要讲时间、地点、范围。

联系:①统计指标都是由各总体单位的标志汇总而来;②根据研究目的的不同,标志和指标之间可以发生相互转化。

(三)变量和变量值

1. 概念

变量泛指一切可变标志。变量的具体表现称为变量值,也叫标志值。

2. 变量的分类

变量按其取值是否连续,可分为离散变量和连续变量。

变量按其性质可分为确定性变量和随机变量。

按计量尺度的不同可分为定性变量和定量变量,定性变量可进一步分为分类变量和顺序变量,定量变量可进一步分为定距变量和定比变量。

(四)统计数据

1. 概念

数计数据是指经过统计工作所得到的变量值和统计指标数值。

2. 分类

(1)按计量尺度的不同,可以将统计数据分为定性数据和定量数据两类。定性数据可进一步分为分类数据和顺序数据;定量数据可进一步分为定距数据和定比数据。

(2)根据对客观现象观察的角度不同,统计数据可分为横截面数据、时间序列数据和混合数据(也叫面板数据)。

(3)按数据的来源可将统计数据分为原始数据和二手数据(也称综合数据)。

学习重点与难点

本章是对全书的总括,是学好统计学课程的基础,因此,对本章的基本概念、常用术语,如总体、总体单位、标志、指标、变量、统计数据等应该理解并记忆,达到熟练运用的程度。

教材"思考与练习"参考答案

一、单项选择题

1. B;2. B;3. C;4. B;5. D;6. D;7. B;8. A;9. A;10. C;11. D;12. B;13. B;14. D;15. C

二、判断题

1. ×;2. ×;3. ×;4. √;5. ×;6. √;7. ×;8. ×;9. √;10. ×;11. ×;12. ×

三、思考题

1. 答:"统计"一词有三种含义,分别是统计工作、统计资料和统计学。

统计工作是指对所研究现象的数量特征进行搜集、整理和分析的调查研究活动。

统计资料是指统计活动过程的成果,包括数据资料和统计分析资料。

统计学是有关数据的学科,是一门搜集、整理和分析统计数据的方法论科学。

统计的这三种含义以"统计工作"为中心,其相互关系具体如下:

①通过统计工作可以获得统计资料,所以统计工作与统计资料是过程与结果的关系;

②将统计工作的方法进行经验总结与概括可以得到统计学,而统计学反过来可以很好地指导统计实践,因此统计学与统计工作是理论与实践的关系。

2. **答**:统计学的研究特点可以从统计学的学科特点和工作方法特点两个方面来看。

从学科上看,统计学是一门既不属于数学也不属于其他相关实质性科学的一门具有"寄生性"的独立性的方法论科学,说统计学具有"寄生性"是因为统计学从来都不是靠解决自身的问题发展壮大起来的,而是靠解决其他领域的问题发展起来的一门学科,可以这么说,没有其他实质性学科的发展,就不会有统计学的产生、发展和壮大。

从统计工作的方法上看,其具有数量性、总体性、具体性、客观性、变异性和广泛性等六个方面的特点。

数量性是指统计着眼于研究现象的数量方面;总体性是指统计从总体上研究具体现象的数量方面;具体性是指统计研究的数量,是具体的数量,而不是抽样的数量关系;数量性指统计研究的数量是客观事物的反映,表示客观现象在具体时间、空间和具体条件作用下,实际已经达到的水平和程度;统计研究的变异性是指构成统计对象的总体各单位,除了在某一方面必须是同质的以外,在其他方面又要有差异,而且这些差异并不是由某种特定的原因事先给定的;统计的广泛性是指统计学几乎不同程度地渗透到所有人类活动的领域,统计研究对象的范围,既包括社会经济现象,也包括自然科技现象,既包括生产力,又包括生产关系,既有经济基础,又有上层建筑。

3. **答**:总体是由客观存在的、具有某种共同性质的许多个别事物构成的整体,它是由特定研究目的确定的统计研究对象。构成总体的这些具有某种共同性质的个别事物就是总体单位。

总体所包含的总体单位数是有限的,称为有限总体,如人口总体、企业总体、商店总体等。总体所包含的总体单位数是无限的,称为无限总体,如连续生产的某种产品构成的总体、大海里的鱼资源构成的总体等。

4. **答**:总体:该商场销售的冰箱全体;总体单位:销售的每一台冰箱。品质标志:每一台冰箱的品牌、型号、产地等;数量标志:每一台冰箱的尺寸、容积、耗电量等;数量指标:该商场冰箱销售总量、销售总额等;质量指标:该商场冰箱的不合格率、合格率、平均每天的销售量等。

5. **答**:统计指标简称指标,是用来反映总体数量特征的概念及具体数值。

指标和标志之间既有区别也有联系。

两者的区别:①说明对象不同:标志是用来说明总体单位特征的,而指标是用来说明总体特征的;②指标均能用数字表达,而标志中的品质标志则不能;③指标都具有综合性特征,标志不一定;④指标都具有具体性特征,标志不一定。

两者的联系:①汇总关系:指标值由标志值汇总得来;②两者在一定条件下可相互转化。

6. **答**:(1)这一研究的调查对象是所有的消费者。

(2)"消费者在网上购物的原因"是分类变量,因为它不能量化,且无好坏、大小之分。

(3)"消费者每月在网上购物的平均花费是 200 元"是样本统计量,因为它是根据样本计算出来的。

补充练习题

一、单项选择题

1. 一个总体单位( )。

A. 只有一个标志　B. 只有一个指标　C. 可有多个标志　D. 可有多个指标

2. 考察全国工业情况时，以下标志中属于不变标志的是（　　）。

A. 产业分类　　B. 职工人数　　C. 劳动生产率　　D. 所有制

3. 要考察全国居民的人均住房面积，其统计总体是（　　）。

A. 全国所有居民户　　B. 全国的住宅　　C. 各省市自治区　　D. 某一居民户

4. 有5名工人其月工资分别为200,250,300,350,400元，这五个数据是（　　）。

A. 变量　　B. 变量值　　C. 总体单位　　D. 标志

5. 现要了解某机床厂的经营情况，该厂的产量和利润是（　　）。

A. 都是连续变量　　B. 都是离散变量

C. 前者是连续变量，后者是离散变量　　D. 前者是离散变量，后者是连续变量

6. 下列叙述中，采用推断统计的方法是（　　）。

A. 用饼图描述某企业职工的学历构成

B. 从某果园中采摘36个橘子，用这36个橘子的平均重量估计果园中橘子的平均重量

C. 一个城市在1月份的平均汽油价格

D. 反映大学生统计学成绩的条形图

7. 以下属于截面数据的是（　　）。

A. 1981—2010年各年某地区20个乡镇的平均工业产值

B. 1981—2010年各年某地区20个乡镇的各镇工业产值

C. 2010年某地区20个乡镇工业产值的合计数

D. 2010年某地区20个乡镇各乡镇的工业产值

8. 下列标志具体表现中，属于顺序数据的是（　　）。

A. 年龄　　B. 购买商品的支付方式（现金、信用卡、支票）

C. 汽车产量　　D. 对某改革措施的态度（赞成、中立、反对）

9. 劳动生产率是（　　）。

A. 动态指标　　B. 流量指标　　C. 质量指标　　D. 强度指标

10. 下列指标属于结构相对数的是（　　）。

A. 人均粮食产量　　B. 产品合格率　　C. 储蓄与消费的比例　　D. 职工平均工资

11. 人口数和出生人数（　　）。

A. 前者是时期指标，后者是时点指标　　B. 前者是时点指标，后者是时期指标

C. 两者都是时期指标　　D. 两者都是时点指标

12. 下列属于质量指标的是（　　）。

A. 产品的产量　　B. 产品的出口额　　C. 产品的价格　　D. 产品的合格品数量

二、判断题

1. 统计学是一门研究现象总体数量方面的方法论科学，所以它不关心也不考虑个别现象的数量特征。（　　）

2. 描述统计是用文字和图表对客观世界进行表述。（　　）

3. 总体和总体单位是固定不变的。（　　）

4. 三个学生的成绩不同，因此存在三个变量。（　　）

5. 统计研究方法的具体性是统计学区别于数学的重要特性。（　　）

6. 一般而言，指标总是依附在总体上，而总体单位则是标志的直接承担者。（　　）

7. 数量指标的表现形式是绝对数，质量指标的表现形式是相对数或平均数。（　　）

8. 强度相对指标的数值是用复名数来表示的，因此都可以计算它的正指标和逆指标。（　　）

三、填空题

1. 统计总体具有客观性、大量性、同质性和__________。

2. 可变标志体现总体的差异性，不变标志体现总体的__________。

3. 统计一词有三层含义，即统计工作、统计资料和__________。

4. 某企业计划 2015 年产值达到 110 万元，实际达到 121 万元，则该企业产值计划完成程度为__________。

5. 某企业计划产值提高 10%，实际提高 21%，则该企业产值计划完成程度为________。

6. 某企业计划生产成本降低 5%，实际降低 10%，则该企业生产成本超额完成计划百分比为__________。

四、简答题

1. 什么是描述统计和推断统计，两者有什么联系？

2. 以一实例说明总体的同质性与差异性的具体表现，并阐明两者的辩证关系。

3. 一家研究机构从 IT 行业中随机抽取 1000 人作为样本进行调查，其中 60% 的人回答他们的月收入在 5000 元以上，50% 的人回答他们的消费支付方式是用信用卡。问：

(1) 这一研究的总体是什么？

(2)"月收入"和"消费支付方式"分别属于分类变量、顺序变量还是数值变量？

(3) 这一研究涉及的是截面数据还是时间序列数据？

第二章 统计数据的搜集与整理

学习目的和要求

通过本章的学习，应该掌握数据搜集的基本方法和组织形式，以及数据整理的基本步骤和方法，了解统计表和统计图的基本类型。并能对实际中的问题展开调查，搜集和整理相关数据，可结合 Excel、R 等统计软件制作专业的统计表和统计图。

内容提要

一、统计数据的搜集

(一)意义和要求

意义：统计数据的搜集是人们认识事物的基本方式，是统计工作中的基础环节，其理论和方法在统计学中占有重要地位。

要求：准确性、及时性、系统性和完整性。

(二)统计调查方案设计的内容

(1)确定调查的目的；

(2)确定调查对象和调查单位，也就是要确定调查的总体和总体单位；

(3)确定调查项目，即要确定所要登记的调查单位的基本标志；

(4)确定调查的时间和期限，也就是要确定调查资料所属的时间及开展调查工作的时限；

(5)确定调查的组织实施计划，包括调查机构的确定、调查人员的组织和培训、经费的来源和开支办法、调查资料的报送方式等内容。

(三)统计数据搜集的方法

直接观察法、报告法、采访法、登记法、网上调查法、卫星遥感法、实验设计法等。

(四)统计调查的具体形式

统计调查的形式多种多样，按调查的范围划分，可分为全面调查和非全面调查两大类；统计调查按时间标志可分为连续性(经常性)调查和非连续性(一次性)调查；统计调查按组织形式可分为统计报表和专门调查。

1. 普查

概念：是专门组织的一次性的全面调查。

组织普查应遵守的原则：①确定普查的标准时间；②正确选择普查时期；③在普查范围内各调查单位或调查点尽可能同时进行调查；④调查项目一经确定，不能任意改变或增减，以免影响汇总综合，降低资料质量。

2. **统计报表制度**

统计报表制度是依照国家有关法规，自上而下地统一布置，以一定的原始记录为依据，按照统一的表式、统一的指标项目、统一的报送时间和报送程序，自下而上逐级地定期提供统计资料的一种调查方式。

3. **抽样调查**

概念：是按随机原则从调查对象中抽取一部分单位作为样本进行观察，然后根据样本数据去推算总体特征的一种非全面调查。

特点：①样本单位按随机原则抽取，排除了主观因素对选样的影响；②根据样本资料推断或检验总体数值；③抽样误差可以事先计算并加以控制。

适用范围：①对一些不可能、难以或不必要进行全面调查的现象，采用抽样调查；②对普查资料进行必要的修正。

遵循的原则：①随机原则。②最大抽样效果的原则。所谓最大的抽样效果，就是在既定的调查费用下使抽样估计误差最小，或者是在给定的精确度下，使调查费用最少。

抽样方法：重复抽样和不重复抽样。

抽样的组织形式：简单随机抽样、分层抽样、系统抽样、整群抽样和多阶段抽样。

4. **重点调查**

概念：是在调查对象范围内选择部分重点调查单位搜集统计资料的非全面调查。

关键：重点单位的选择。所谓重点单位，是指这些单位在全部总体中虽然数目不多，所占比重不大，但就调查的标志值来说却在总量中占很大的比重。

目的：从数量上说明整个总体在某标志总量方面的基本情况。

5. **典型调查**

概念：是在调查对象中有意识地选取若干具有典型意义或有代表性的单位进行的非全面调查。

目的：在于深入细致地认识事物、尤其是新出现的事物和新问题，寻找其发生原因、变化趋势等事物的规律性，以寻求加以解决的对策和措施，达到以点带面的效果。

特点：①是一种深入细致的调查，能深入实际，深入群众，搜集详细的第一手数字资料；②机动灵活，可节省人力和物力，提高调查的时效性；③易受调查主观认识的影响。

关键：典型单位的选择。常用的选择方法有“解剖麻雀”法、划类选典法和“抓两头”的方法。

二、统计数据的整理

（一）意义和内容

1. **意义**

统计数据的整理是统计调查阶段的继续和深入，又是统计分析阶段的基础，起着承前启后的作用。

2. 内容

设计统计整理的方案→统计数据的审核与检验→统计分组汇总计算→对整理好的统计数据再次进行审核→编制统计表或绘制统计图，描述汇总整理的结果。

(二)统计分组

1. 概念

统计分组是指根据统计研究的目的和客观现象的内在特点，按某个标志(或几个标志)把被研究的总体划分为若干个性质不同的组成部分的统计方法。

2. 作用

(1)区分事物性质，划分现象类型；

(2)反映总体的内部结构；

(3)分析现象之间的依存关系。

3. 统计分组的原则

统计分组应遵循完备原则和互斥原则。

4. 分组标志的选择应遵循的原则

(1)服从统计研究的目的；

(2)要选择最能反映事物本质特征的标志；

(3)要结合现象所处的具体历史背景或经济条件来选择。

5. 统计分组的种类

按分组标志的类型可分为品质分组和数量分组；数量分组根据每组数量标志的具体表现，又分为单项分组和组距分组两种；按各组组距是否相等，组距分组可分为等距分组和异距分组。

6. 组距分组的方法

(1)组数的确定。

一般根据资料的性质和统计研究的目的来确定。在某些场合，也可根据一些经验公式来确定，如斯特杰斯经验公式：

$$n = 1 + 3.322\lg N \tag{2.1}$$

式中 n 为组数，N 为总体单位总数。

(2)组距的确定。

对于等距分组，组距和组数可用如下关系式表示：

$$d \approx \frac{R}{n} = \frac{x_{\max} - x_{\min}}{n} \tag{2.2}$$

式中 d 为等距分组的组距，R 称为全距，为最大变量值 $x_{\max}$ 和最小变量值 $x_{\min}$ 之差。

为了方便，在实际中，组距尽量取整数，且尽量为 5 或 10 的倍数。要注意的是，按(2.2)式近似取整，不能按“四舍五入”来计算，而应取比计算结果略大的整数值。

(3)组限的确定。

组限的确定需要注意以下几点：

①按连续型变量进行组距分组，相邻两组的组限必须重叠；

②按离散型变量进行组距分组，相邻的组限可以重叠，也可以间断；

③对于组限重叠的组距分组，要采用“上限不在内”的原则；

④确定组限时，第一组的下限应等于或略小于变量值中的最小值，最后一组的上限应等于或略大于变量值中的最大值；

⑤存在极端值状况时，可在首末两组使用“××以下”或“××以上”的开口组形式。

(4)组中值的计算。

上下限之间的中点数值称为组中值，组中值的计算公式为：

$$组中值 = \frac{上限 + 下限}{2} \tag{2.3}$$

对于开口组：

$$首组组中值 = \frac{上限 + 假定下限}{2} = 上限 - (邻组上限 - 邻组下限)/2 \tag{2.4}$$

$$末组组中值 = \frac{假定上限 + 下限}{2} = 下限 + (邻组上限 - 邻组下限)/2 \tag{2.5}$$

7. **统计分组体系**

统计分组体系分为平行分组体系与复合分组体系。

三、次数分布数列

(一)有关概念

1. **次数分布与次数分布数列**

在统计分组的基础上，将总体中的所有总体单位按组归类，形成总体中各个单位在各组间的分布，称为次数分布或频数分布。次数分布依各组组别形成的数列(或序列)，称为次数分布数列，简称分布数列或分配数列。

2. **作用**

次数分布数列的主要作用是反映总体单位在各组间的分布疏密状况。

3. **次数分布的构成要素**

两个要素：统计分组与次数。次数有两种形式，即绝对次数(频数)和相对次数(频率)。

4. **频率的性质**

各组频率都在0至1之间，且各组频率之和为1。

5. **种类**

根据统计分组的类型，次数分布数列可分为品质数列和变量数列，变量数列进一步可分为单项数列和组距数列，组距数列有等距数列和异距数列两种。

单项数列的编制条件：变量必须是离散变量，且变量不同取值的个数较少。

组距数列的编制条件：变量是连续变量或变量不同取值的个数也较多的离散变量。

等距数列的适用场合：变量变动比较均匀的场合。

异距数列的适用场合：①变量值分布很不均匀的场合；②变量值变动相等的量具有不同意

义的场合;③变量值变动范围很大或按一定比例发展变化的场合。

(二)分布疏密状况的表达

对于品质数列、单项数列和等距数列,观察各组的次数即可。对于异距数列,须计算次数密度或标准组距下的次数,其计算公式如下:

$$次数密度 = 次数/组距$$

$$标准组距下的次数 = 次数密度 \times 标准组距$$

(三)累计次数分布

向上累计:将各组频数或频率,由变量值低的组向变量值高的组逐组累计。向上累计,可以表明各组上限以下总共所包含的总体单位数和比率有多少。

向下累计:将各组频数或频率,由变量值高的组向变量值低的组逐组累计。向下累计,可以表明各组下限以上总共所包含的总体单位数和比率有多少。

(四)次数分布的主要类型

(1)钟型分布:两头小,中间大。

钟型分布有三种类型,即对称分布、右偏分布、左偏分布,如图 2-1 所示。

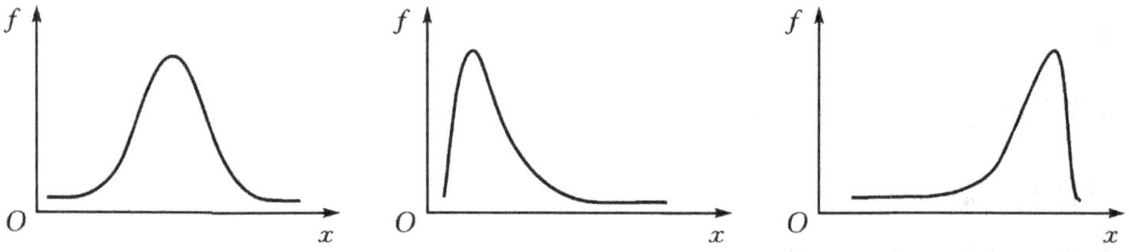

(a)对称分布　　(b)右偏分布　　(c)左偏分布

图 2-1　钟型分布的三种类型

(2)U 型分布:两头大,中间小。

(3)J 型分布:一边大,一边小。

四、统计表和统计图

(一)统计表

1. 统计表的结构

从表式上看,统计表是由纵横交叉的线条组成的一种表格,表格包括总标题、横行标题、纵栏标题和指标数值四个部分。

从内容上看,统计表由主词栏和宾词栏两个部分组成。主词栏是统计表所要说明的总体及其组成部分;宾词栏是统计表用来说明总体数量特征的各个统计指标。

2. 统计表的分类

按主词的结构分类,根据主词是否分组和分组的程度,分为简单表、分组表和复合表。

按宾词设计分类,可分为宾词简单排列、分组平行排列和分组层叠排列等三种。

3. 编制统计表应注意的问题

(1)表的上、下用粗线，表内用细线，表左右两端不画线；

(2)纵列合计在最后一栏；横行合计时在最前一栏或最后一栏；

(3)标题设计应简明扼要；

(4)指标数值填写整齐，对准位数。缺某项数字资料，用“…”表示；不应有数字时用符号“——”表示。

(5)计量单位的注明；

(6)必要时，在统计表下标出资料来源或注解。

(二)统计图

1. 反映数据分布的图示

(1)反映定性数据分布的图示：条形图(柱形图)、饼图、环形图等。

(2)反映定量数据分布的图示：直方图、分布折(曲)线图、茎叶图、箱线图等。

(3)直方图与条形图的区别：①条形图中的每一个矩形表示一个类别，其宽度没有意义，而直方图的宽度则表示各组的组距；②由于分组数据具有连续性，直方图的各矩形通常是连续排列，而条形图则是分开排列；③条形图主要用于展示定性数据，而直方图则主要用于展示定量数据。

2. 反映现象依存关系的图形

反映现象依存关系的图形主要是散点图。

3. 反映现象变化趋势的图形

反映现象变化趋势的图形主要有柱形图、时间序列散点图和折线图等。

学习重点与难点

本章要重点学习统计调查的方案设计、统计调查的具体形式、统计分组方法以及统计图、表的制作。学习的难点是抽样调查的组织形式、组距分组的方法以及统计图、表的计算机操作等。

教材“思考与练习”参考答案

一、单项选择题

1. B；2. D；3. B；4. B；5. A；6. D；7. A；8. A；9. C；10. B；11. C；12. C；13. A；14. A；15. C；16. B；17. D；18. B

二、思考题

1. **答**：一个完整的统计调查方案要包含以下五个要素：

(1)确定调查的目的；

(2)确定调查对象和调查单位，也就是要确定调查的总体和总体单位；

(3)确定调查项目，即要确定所要登记的调查单位的基本标志；

(4)确定调查的时间和期限，也就是要确定调查资料所属的时间及开展调查工作的时限；

(5)确定调查的组织实施计划，包括调查机构的确定、调查人员的组织和培训、经费的来源和开支办法、调查资料的报送方式等内容。

设计调查问卷需要注意以下几个问题：

(1)尊重公众，慎重选择所提问题，防止对公众情感造成伤害。

(2)问题的组织要有顺序，合乎逻辑，每一个问题可能涉及不同的方面，但不同问题的排列必须是有前后顺序的。

(3)文字简洁、明确、通俗易懂，不可太长，不要用公众难以理解的专业术语，不要加太多的形容词。

(4)问卷中尽量避免社会禁忌和敏感性问题。

(5)不要用双重提问，即一个问题最好只有一个答案。如：你喜欢我厂的产品和包装吗？这个提问实际上含有两个问题，使公众难以回答。

(6)措辞准确，防止模糊不清或模棱两可。

(7)避免使用带倾向性的措辞。如为了加强全厂职工的团结，我厂准备举行 30 周年厂庆大会，你赞成吗。

(8)备选答案力求完备，避免出现重大遗漏。

(9)如果对问卷没有把握，可以先在小范围内进行测试，请部分公众回答问题，分析问卷，看看其中是否有不妥之处。

2. **答：**做好普查应注意以下几个问题：

(1)必须统一规定调查资料所属的标准时点，使所有普查资料都反映这一时点上的状况，避免重复和遗漏。例如，人口普查，没有一个统一的标准时点，就会因人口的出生和死亡、迁入和迁出得不到准确的数字。

(2)正确选择普查时期。例如，我国第五次、第六次人口普查规定在 11 月进行，就是基于上述原则考虑的。

(3)在普查范围内各调查单位或调查点尽可能同时进行调查，并尽可能在最短期限内完成，以便在方法上、步调上协调一致。

(4)调查项目一经确定，不能任意改变或增减，以免影响汇总综合，降低资料质量。同类普查的内容在各次普查中要尽可能保持一致，以便将历次普查资料进行对比。

3. **答：**抽样调查的理论依据是概率论、数理统计，抽样分布理论指明了样本指标和相应的总体指标之间存在内在的联系，且误差的分布是有规律可循的。实施抽样调查，样本是按随机原则抽取的，排除了主观因素的影响，保证样本对总体的代表性。所以，以样本资料推断总体数量特征是有科学依据的。

4. **答：**(1)选取调查单位的原则不同：抽样调查是按随机原则的抽取样本，排除了主观因素；重点调查选择重点单位进行调查，选择的依据是这些单位在所研究的主要标志中占总量的很大比重，其选择也不带有主观性；典型调查是有意识地选择典型单位进行调查，其选择带有一定主观性。

(2)调查的目的不同：抽样调查的目的是根据样本资料推算和检验总体数值；重点调查的目的是为了掌握总体的大致情况；典型调查的目的是为了认识事物的变化规律。

(3)调查误差的性质不同：抽样误差可以事先估算并加以控制，而重点调查和典型调查的误差无法事先估计并控制。

(4)适用场合不同：抽样调查主要适用于两个方面：一是对不能或难以进行全面调查或者

没必要进行全面调查的现象进行调查；二是对普查的资料进行检查，并作必要的修正。当调查任务只要求掌握基本情况，而部分单位又能比较集中地反映研究项目的特征时，适于采用重点调查。当需要掌握个别具体生动的资料时且有代表性的单位存在的条件下，适于采用典型调查。

5. **答：**统计整理是根据统计研究的任务，对统计调查阶段所搜集到的大量原始资料进行加工汇总，使其系统化、条理化、科学化，以得出反映事物总体综合特征的资料的工作过程。

统计整理的基本步骤如下：

(1)设计统计整理的方案。主要包括两个方面：一是对总体的处理方法，主要是如何进行统计分组；二是确定用哪些统计指标来说明总体。

(2)统计数据的审核与检验。在整理之前，必须对原始数据进行认真审核，检查原始数据的完整性、准确性与及时性。若发现问题，则加以纠正。

(3)统计分组。这是统计数据整理的核心内容，它是按照一定的标准将原始数据进行分组归类的过程。

(4)汇总计算。在统计分组的基础上将各组数据进行综合汇总，得出反映总体综合特征的各项指标。

(5)对整理好的统计数据再次进行审核，及时更正汇总过程中产生的各种差错。

(6)编制统计表或绘制统计图，描述汇总整理的结果。

6. **答：**统计分组是指根据统计研究的目的任务，将统计总体按一定标志区分为若干个性质不同的组成部分的统计方法。

其作用为：

(1)将零散资料规律化；

(2)区分事物性质，划分现象类型；

(3)反映总体的内部结构；

(4)分析现象之间的依存关系。

正确选择分组标志，须遵循以下原则：

(1)分组标志的选择要服从统计研究的目的；

(2)要选择最能反映被研究现象本质特征的标志作为分组标志；

(3)要结合现象所处的具体历史背景或经济条件来选择。

7. **答：**统计分组，必须遵循两个原则：完备原则和互斥原则。

所谓完备原则，就是使总体中的每一个单位都应有组可归。例如，一个班级按男女分成两组，则班级的每个同学必然出现在男生组或女生组的某一组中。

所谓互斥原则，就是在特定的分组标志下，总体中的任何一个单位只能归属于某一组，而不能同时或可能归属于几个组。例如，一个班级按男女分成两组，则每个同学要么在男生组中，要么在女生组中，不可能存在既在男生组，也在女生组的情况。

8. **答：**单项数列是单项分组形成的数列，当选择分组的变量为离散型变量且变量值的个数不多的时候，可以采用单项分组方式进行分组，形成单项数列。

组距数列是组距分组形成的数列，当选择分组的变量为连续型变量或变量值个数较多的离散型变量时，必须采用组距分组的方式进行分组，形成组距数列。

9. **答：**等距分组适合现象变化比较均匀，且变量变化的范围不是很大的情形。与之相对应，异距分组主要适合以下几种场合：

(1)变量值分布很不均匀的场合；

(2)变量值变动相等的量具有不同意义的场合；

(3)变量值变动范围很大或按一定比例发展变化的场合。

10. **答**：(1)洛仑兹曲线反映了收入分配的不平等程度。弯曲程度越大，收入分配越不平等，反之则反。

(2)通过洛仑兹曲线可以计算基尼系数，它是洛仑兹曲线和绝对不平等线所围的面积与绝对不平等线和绝对平等线所围面积中比值，其范围在 0 至 1 之间。基尼系数越大，收入分配越不平等，反之则反；当基尼系数为 0 时，社会收入分配绝对平均，反之，当基尼系数达到 1，社会收入分配绝对不平等，社会的所有财富集中在某一人手中。

三、计算与操作题

1. (1)

服务质量等级	家庭户数
A	14
B	21
C	32
D	18
E	15
合计	100

(2)

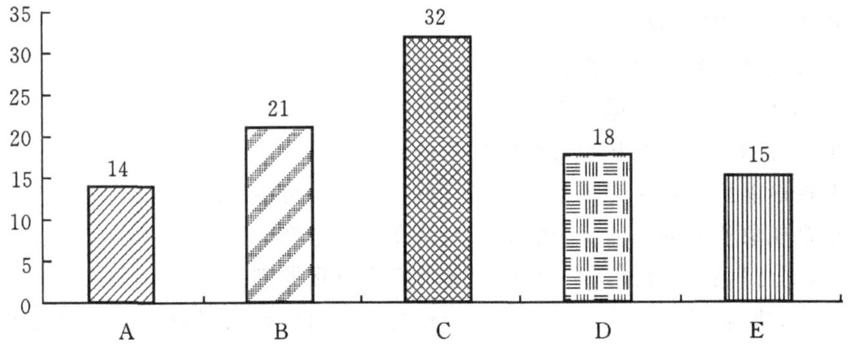

(3)

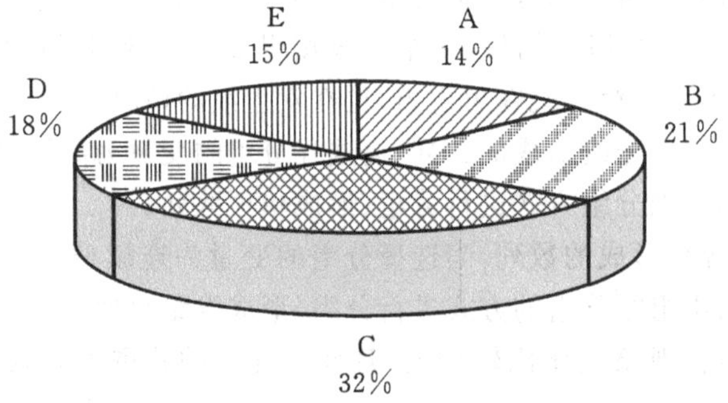

2.(1)

销售额(万元)	天数
25～30	4
30～35	6
35～40	15
40～45	9
45～50	6

(2)

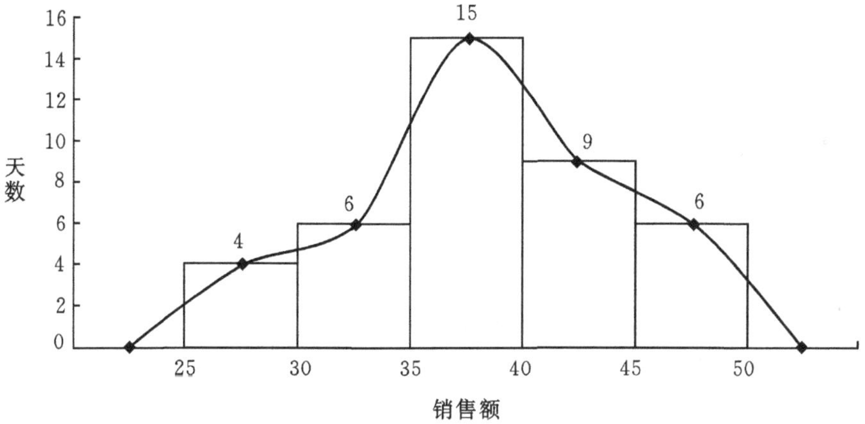

分布特点:近似对称分布。

(3)

2	5689
3	002344
3	556666777778889
4	012233444
4	556679

3.(1)

		形势与政策				合计
		优	良	中	差	
经济应用文写作	优	2	5		1	8
	良	1	2	6	0	9
	中	0	2	2	0	4
	差	0	1	4	1	6
合计		3	10	12	2	27

(2)

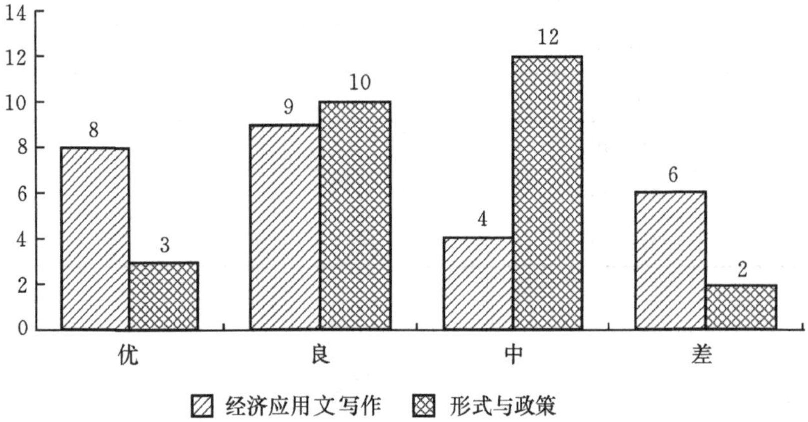

补充练习题

一、单项选择题

1. 下列调查中属于连续性调查的是(　　)。

A. 每隔10年进行一次人口普查

B. 对近年来物价变动情况进行一次摸底调查

C. 对2010年大学毕业生分配状况的调查

D. 按旬上报钢铁生产量

2. 第六次人口普查的标准时点是2010年11月1日零点,11月2日调查人员在各家调查时,得知王家10月31日出生一小孩,李家11月1日出生一小孩,则这两个小孩如何登记?(　　)

A. 两家小孩均登记

B. 两家小孩均不予登记

C. 王家小孩应予登记,李家小孩不应登记

D. 王家小孩不应登记,李家小孩应予登记

3. 为了了解和推算全国居民的消费支出结构,统计应采取的调查方式是(　　)。

A. 普查　　B. 典型调查　　C. 抽样调查　　D. 重点调查

4. 为了调查某校学生的购书费用支出,从男生中抽取60名学生调查,从女生中抽取40名学生调查,这种调查方法是(　　)。

A. 简单随机抽样　　B. 整群抽样　　C. 系统抽样　　D. 分层抽样

5. 为了调查某校学生的购书费用支出,从全校抽取4个班级的学生进行全面调查,这种调查方法是(　　)。

A. 简单随机抽样　　B. 整群抽样　　C. 系统抽样　　D. 分层抽样

6. 为了调查某校学生的购书费用支出,将全校学生的名单按拼音顺序排列后,每隔50名学生抽取一名进行调查,这种调查方法是(　　)。

A. 简单随机抽样　　B. 整群抽样　　C. 系统抽样　　D. 分层抽样

7. 通过调查鞍钢、武钢等几个大钢铁基地,了解我国钢铁生产的基本状况,这种调查方式

是(　　)。

A. 普查　B. 典型调查　C. 抽样调查　D. 重点调查

8. 为了反映商品价格与需求之间的关系,在统计中应采用(　　)。

A. 经济类型的分组　B. 表明现象结构的分组

C. 分析现象间依存关系的分组　D. 上述都不正确

9. 按某一标志分组的结果表现为(　　)。

A. 组内差异性,组间同质性　B. 组内同质性,组间差异性

C. 组内同质性,组间同质性　D. 组内差异性,组间差异性

10. 划分连续变量的组限时,相邻组限必须(　　)。

A. 重叠　B. 间断　C. 相等　D. 不等

11. 下面统计图中不适合描述离散变量分布状况的是(　　)。

A. 直方图　B. 柱形图　C. 饼图　D. 环形图

12. 统计表分为简单表、分组表和复合表,这是按照(　　)。

A. 统计表是否分组和分组程度划分的　B. 统计表的作用划分的

C. 宾词是否分组和分组的程度划分的　D. 主词是否分组和分组的程度划分的

二、多项选择题

1. 某城市进行广告企业情况调查,则每一家广告单位是(　　)。

A. 调查对象　B. 调查单位　C. 报告单位

D. 调查项目　E. 总体单位

2. 制订一个周密的统计调查方案,应包括的内容有(　　)。

A. 确定调查目的　B. 确定调查对象　C. 确定标志性质

D. 确定资料使用范围　E. 确定调查项目

3. 统计报表的特点是(　　)。

A. 自上而下统一布置　B. 自下而上逐级填报　C. 按统一的表式和项目填报

D. 一般属于全面调查　E. 按规定的报送时间上报

4. 对一些企业按计划完成程度不同分为三组:第一组为 80%～100%,第二组为 100%～120%,第三组为 120%以上,则下列说法正确的是(　　)。

A. 若将上述各组组别及次数依次排列,就是变量分布数列

B. 该数列的变量属于连续变量,所以相邻组的组限必须重叠

C. 此类数列只能是等距数列,不可能采取异距数列

D. 某企业计划完成 100%应归第一组

E. 某企业计划完成 100%应归第二组

5. 选择分组标志的基本原则是(　　)。

A. 服从统计研究的目的　B. 选择最能反映现象本质的标志

C. 要依据统计调查方案的要求　D. 充分考虑现象所处历史背景和经济条件

E. 必须反映总体单位之间的依存关系

三、判断题

1. 对我国主要粮食作物产区进行调查,以掌握全国主要粮食作物生长的基本情况,这种调查是重点调查。　(　　)

2. 对某市下岗职工生活状况进行调查，要求在1个月内报送调查结果，所规定的时间是调查期限。（　）

3. 抽样调查与重点调查的目的是一致的，即都是通过对部分单位的调查，来达到对总体数量特征的认识。（　）

4. 一时调查是一次性调查，是指调查一次结束后就再也不进行此项调查了。（　）

5. 进行组距分组时，当标志值刚好等于相邻两组上下限数值时，一般把此值归并列为上限的那一组。（　）

6. 统计表的主词栏是说明总体各种统计指标的。（　）

7. 统计分组以后，掩盖了各组内部各单位的差异，而突出了各组之间单位的差异。（　）

8. 向上累计表明各组下限以上总共所包含的总体次数和比率有多少。（　）

9. 钟型分布的特征是“两头大，中间小”。（　）

10. 在统计调查中，调查对象可同时是调查单位，调查单位也可同时是总体单位。（　）

四、填空题

1. 按某连续变量进行组距分组，若最后一组为150以上，其邻近组的组中值为145，则最后一组的组中值为________。

2. 次数分布数列的两个构成要素分别为________和次数。

3. 按某连续变量进行组距分组，若第一组为100以下，其邻近组组中值为110，则第一组组中值为________。

4. 统计分组后的各组频率之和为________。

五、计算题

某车间30名工人日加工零件数(单位:个)如下:

25	26	29	30	31	32	33	34	34	35	36	36	36	37	37
38	38	39	40	41	42	42	43	43	43	44	45	46	47	49

以5为组距，将车间的30名工人进行分组，编制次数分布数列，并计算各组的累计次数和累计频率。

第三章 统计数据分布特征的描述

学习目的和要求

通过本章的学习，要掌握反映统计数据集中趋势和分布离散程度的基本描述指标和方法，能够利用 Excel 等计算工具计算本章学习的描述性统计指标，并能应用本章的知识对实际问题进行简单地描述统计分析。

内容提要

一、分布集中趋势的描述

(一)描述集中趋势的主要指标及作用

研究统计分布集中趋势的主要指标是各类统计平均数，或称平均指标。所谓统计平均数，就是概括地描述统计分布的一般水平或集中趋势的数值。

1. 统计平均数的特点

统计平均数具有抽象性、同质性、代表性三大特性。

2. 统计平均数的作用

(1)反映总体各单位变量分布的集中趋势和一般水平；

(2)便于比较同类现象在不同单位间的发展水平；

(3)能够比较同类现象在不同时期的发展变化趋势或规律；

(4)分析现象之间的依存关系。

3. 主要的统计平均数

统计平均数分为数值平均数和位置平均数两大类。其中数值平均数主要有算术平均数、调和平均数和几何平均数；位置平均数主要有众数和中位数。

(二)算术平均数

1. 基本公式

$$\text{算术平均数}=\frac{\text{总体标志总量}}{\text{总体单位总数}}$$

2. 简单算术平均数——原始数据的场合

$$\overline{X}=\frac{X_1+X_2+\cdots+X_n}{n}=\frac{\sum X}{n} \tag{3.1}$$

3. **加权算数平均数——分组数据的场合**

$$\overline{X}=\frac{\sum Xf}{\sum f}=\sum X\cdot\frac{f}{\sum f} \tag{3.2}$$

(1)权数的两种形式:绝对权数——f,相对权数——$\frac{f}{\sum f}$。

(2)权数的作用:权衡各组标志值对平均数影响的轻重。

4. **算术平均数的数学性质**

(1) $n\overline{X}=\sum X$ 或 $\overline{X}\sum f=\sum Xf$ 。

(2) $\sum(X-\overline{X})=0$ 或 $\sum(X-\overline{X})f=0$ 。

(3) $\sum(X-\overline{X})^2=\min$ 或 $\sum(X-\overline{X})^2 f=\min$ 。

(4) $\overline{a+bX}=a+b\overline{X}$ (a,b 为常数)。

5. **算数平均数的优缺点**

(1)优点:适合代数运算,简单易操作,是应用最广泛的平均数。

(2)缺点:易受极端值的影响(尤其是更受极大值影响),导致平均数的代表性降低。

(三)调和平均数

1. **简单调和平均数**

$$\overline{X}_h=\frac{n}{\sum\frac{1}{X}} \tag{3.3}$$

2. **加权调和平均数**

$$\overline{X}_h=\frac{\sum f}{\sum\frac{1}{X}f} \tag{3.3}$$

3. **调和平均数的应用**

调和平均数在现实生活中很少直接使用,一般将其作为算术平均数的变形来使用,即:

$$\overline{X}=\frac{\sum Xf}{\sum f}\overset{m=Xf}{=\!=\!=\!=}\frac{\sum m}{\sum\frac{1}{X}m} \tag{3.4}$$

算术平均数计算公式选择:算术式分母资料已知,直接使用算术平均式;算术式分母资料未知,采用调和平均式。

4. **调和平均数的特点**

(1)如果有变量值为零,则无法计算 $\overline{X}_h$;

(2)也受极端值影响,且更容易受极小值的影响。

(四)几何平均数

1.简单几何平均数

$$\overline{X}_G = \sqrt[n]{X_1 X_2 \cdots X_n} = \sqrt[n]{\prod X} \tag{3.5}$$

2.加权几何平均数

$$\overline{X}_G = \sqrt[f_1+f_2+\cdots f_n]{X_1^{f_1} X_2^{f_2} \cdots X_n^{f_n}} = \sqrt[\sum f]{\prod X^f} \tag{3.6}$$

3.几何平均数的适用场合

几何平均数主要适用于总量等于各分量的连乘积的现象,如下一章要介绍的经济速度指标问题等。

(五)众数

1.概念

众数就是总体中出现次数最多的变量值。

2.作用

(1)反映集中趋势,在某些不易确定算术平均数的场合,常代替算术平均数来代表现象的一般水平。

(2)为某些生产决策作参考依据。

3.众数存在的条件

总体单位数较多,且变量值有明显的集中趋势,否则确定的众数无多大意义。

4.众数的确定

(1)依据单项数列来确定。

次数最大的组对应的变量值即为众数。

(2)依据组距数列来确定。

首先找出众数组,然后根据下限公式或上限公式来确定。

下限公式:

$$M_o = X_L + \frac{\Delta_1}{\Delta_1 + \Delta_2} \cdot d \tag{3.7}$$

上限公式:

$$M_o = X_U - \frac{\Delta_2}{\Delta_1 + \Delta_2} \cdot d \tag{3.8}$$

5.众数的特点

(1)众数是一个位置平均数,是最不受极端值影响的平均数;

(2)不易确定:众数的确定必须要有明显集中趋势,很多情况不满足这一点;对于组距数列(尤其是异距数列),众数的位置不易确定。

(六)中位数

1.概念

将总体中各单位标志值按大小顺序排列,居于中间位置的那个标志值就是中位数。

2. **中位数的确定**

(1)资料不分组时,排序后,按下列公式确定中位数。

$$M_e=\begin{cases}X_{\frac{n+1}{2}}, & n=2k-1\\ \dfrac{X_{\frac{n}{2}}+X_{\frac{n}{2}+1}}{2}, & n=2k\end{cases} \tag{3.9}$$

(2)由单项数列确定中位数:先累计次数,然后按下列公式确定中位数。

$$M_e=\begin{cases}X_{\frac{\sum f+1}{2}}, & \sum f=2k-1\\ \dfrac{X_{\frac{\sum f}{2}}+X_{\frac{\sum f}{2}+1}}{2}, & \sum f=2k\end{cases} \tag{3.10}$$

(3)由组距数列确定中位数:累计次数,确定中位数组,然后应用下限公式或上限公式计算。

下限公式(向上累计时用):

$$M_e=X_L+\frac{\frac{\sum f}{2}-S_{m-1}}{f_m}\cdot d \tag{3.11}$$

上限公式(向下累计时用):

$$M_e=X_U-\frac{\frac{\sum f}{2}-S_{m+1}}{f_m}\cdot d \tag{3.12}$$

3. **中位数的特点**

(1)与众数一样,是位置平均数,不受极端值影响;

(2)各单位标志值与中位数离差的绝对值之和为最小值;

(3)对某些不具有数学特点或不能用数字测定的现象,可用中位数求其一般水平。

(七)各种平均数之间的相互关系

1. **三种数值平均数之间的大小关系**

$$\overline{X}_h\leqslant\overline{X}_G\leqslant\overline{X} \tag{3.13}$$

2. **算术平均数、众数和中位数的关系**

(1)对数据的概括能力:算术平均数最强,中位数次之。

(2)对数据计量尺度的要求:算术平均数要求最高,必须是定量数据才能计算;其次是中位数,要求的是定序数据或定量数据;众数对数据的计量尺度没有要求,任何类型的数据都可以有众数。

(3)受极端值的影响:算术平均数易受极端值影响,众数和中位数则不受极端值影响。

(4)三者数量关系及对应的分布类型

对于适度偏斜的钟型分布,有:

$$\overline{X}-M_o\approx 3(\overline{X}-M_e) \tag{3.14}$$

且:

①对称分布:$\overline{X}=M_o=M_e$;②左偏分布:$\overline{X}<M_e<M_o$;③右偏分布:$M_o<M_e<\overline{X}$。

（八）正确应用平均指标的原则

（1）平均指标只能运用于同质总体；

（2）要用组平均数补充说明总平均数；

（3）要用次数分布数列补充说明平均数。

二、分布离散程度的描述

（一）离散程度的概念及意义

1. 概念

数据之间的差距用统计语言来说就是数据的离散程度。数据的离散程度越大，各平均数对该组数据的代表性就差；离散程度越小，其代表性就越好。

在统计上用来测度离散程度的指标称为标志变异指标，简称为变异指标，也称为标志变动度。

2. 变异指标的作用

（1）用于衡量平均指标的代表性；

（2）反映社会经济活动的均衡性；

（3）用于衡量统计推断效果。

（二）极差与四分位差

1. 极差

$$R = X_{\max} - X_{\min} \tag{3.15}$$

2. 四分位差

$$Q.D. = Q_3 - Q_1 \tag{3.16}$$

其中 Q_1 、Q_3 分别为第一、三四分位数。

极差和四分位差都没有充分利用数据的全部信息，故无法反映标志值变动的一般程度，只能作为辅助的变异指标来使用。

（三）平均差

1. 计算公式

（1）资料未分组时：

$$A.D. = \frac{\sum |X - \overline{X}|}{n} \tag{3.17}$$

（2）资料分组时：

$$A.D. = \frac{\sum |X - \overline{X}| f}{\sum f} \tag{3.18}$$

2. 特点

平均差是根据全部变量值计算出来的，所以对整个变量值的离散程度有较充分的代表性。但平均差计算由于采用取离差绝对值的方法来消除正负离差抵消，因而不适合于代数方法的演算,使其应用受到限制。

(四)方差和标准差

1.计算公式

(1)资料未分组时:

$$\sigma^2=\frac{\sum(X-\overline{X})^2}{n},\sigma=\sqrt{\frac{\sum(X-\overline{X})^2}{n}} \tag{3.19}$$

(2)资料分组时:

$$\sigma^2=\frac{\sum(X-\overline{X})^2 f}{\sum f},\sigma=\sqrt{\frac{\sum(X-\overline{X})^2 f}{\sum f}} \tag{3.20}$$

2.数学性质

(1)变量的方差等于变量平方的平均数减去变量平均数的平方,即:

$$\sigma^2=\overline{X^2}-(\overline{X})^2 \tag{3.21}$$

(2)变量对算术平均数的方差小于对任意常数的方差。

(3)变量线性变换的方差等于变量的方差乘以变量系数的平方,即对于变量 X,有:

$$\sigma^2(a+bX)=b^2\sigma^2(X) \tag{3.22}$$

(4)对于同一总体的数据资料,平均差小于等于标准差。

3.是非标志的方差和标准差

设 P 为是非标志中标志表现为"是"的单位所占的比重,则是非标志的方差和标准差为:

$$\sigma=\sqrt{P(1-P)},\sigma^2=P(1-P) \tag{3.23}$$

4.标准差的应用

(1)计算标准分——判断数据的相对位置。

标准分的计算公式为:

$$Z=\frac{X-\overline{X}}{\sigma} \tag{3.24}$$

标准分的作用:①衡量某个变量值在一组数据中的相对位置,进而可用于不同分布下数据水平的比较;②可以和正态分布结合起来,求得概率和标准分值之间的对应关系;③在对称分布下,可以用于判断一组数据是否存在离群点。

(2)衡量数据的偏斜程度。

(3)在抽样推断时计算抽样平均误差。

(五)离散系数

当比较多组数据的离散程度时,尤其是这些组的水平相差很大或计量单位不同时,不能直接采用标准差等变异指标,而应将以上指标(比如标准差)与反映一般水平的平均数结合起来,用相对数来比较几组数据的离散程度,即离散系数。

最常用的离散系数的标准差系数,其计算公式如下:

$$V_\sigma=\frac{\sigma}{\overline{X}}\times 100\% \tag{3.25}$$

三、分布形状的描述

(一)分布偏态的描述

1. 偏态系数的计算公式

(1)资料未分组时：

$$SK=\frac{\sum(X-\overline{X})^3}{n\sigma^3} \tag{3.26}$$

(2)资料分组时：

$$SK=\frac{\sum(X-\overline{X})^3f}{\sigma^3\sum f} \tag{3.27}$$

2. 偏态系数的应用

(1)当 $SK=0$ 时，分布为对称分布；$SK>0$，分布为右偏分布；$SK>0$，分布为左偏分布。

(2)SK 越接近于 0，分布偏斜程度就越低，反之则反。$|SK|>1$，分布被称为高度偏态分布；若 $0.5<|SK|<1$，分布被认为是中等偏态分布。

(二)分布形状的描述

1. 峰态系数的计算公式

(1)资料未分组时：

$$K=\frac{\sum(X-\overline{X})^4}{n\sigma^4}-3 \tag{3.28}$$

(2)资料分组时：

$$K=\frac{\sum(X-\overline{X})^4f}{\sigma^4\sum f}-3 \tag{3.29}$$

2. 峰态系数的应用

(1)如果一组数据服从标准正态分布，则 $K=0$；

(2)若 $K>0$，则表明分布比标准正态分布更尖，通常称为尖峰分布；

(3)若 $K<0$，则表明分布比标准正态分布更平，通常称为平峰分布。

学习重点与难点

本章所涉及的三大类指标是对数据分布特征的基本描述，是掌握数据分布特点的关键。其中，最重要的集中趋势和离散程度的指标，应该明确认识不同集中趋势指标之间的关系、不同离散程度指标之间的关系，以及这两类指标之间的关系。

教材“思考与练习”参考答案

一、单项选择题

1. B；2. D；3. C；4. A；5. C；6. C；7. B；8. C；9. D；10. C；11. C；12. A；13. B；14. C；15. D；16. B；17. B；18. B；19. B；20. B；21. A

二、思考题

1. **答:**数据分布的特征可以从三个方面进行测度和描述:

(1)分布的集中趋势,反映各数据向其中心值靠拢或聚集的程度。

(2)分布的离散程度,反映各数据远离其中心值的趋势。其值越大,说明总体内部差异较大,平均数代表性小,反之则反。

(3)分布的形状,反映数据分布的偏态和峰态。偏态系数等于0,分布为对称分布;大于0,分布为右偏分布,反之则为左偏分布。峰态通常是与标准正态分布相比较而言的,其值大于0,说明分布比标准正态分布更尖,反之则比标准正态分布更平。

2. **答:**统计平均数具有以下重要的作用:

(1)反映总体各单位变量分布的集中趋势和一般水平;

(2)便于比较同类现象在不同单位间的发展水平;

(3)能够比较同类现象在不同时期的发展变化趋势或规律;

(4)分析现象之间的依存关系时也常借助于平均指标。

应用平均数应注意以下几点:

(1)平均指标只能运用于同质总体;

(2)要注意用组平均数补充说明总平均数;

(3)要用次数分布数列补充说明平均数。

3. **答:**算术平均数是现实中应用得最多的平均数,它是由变量数列的所有数值计算得到的,其对数据的概括能力要强于中位数和众数,但正因如此,算术平均数要求数据必须是定量数据,且计算的结果容易受到极端值的影响。因此,当数据为非定量数据或极端值现象比较严重时,需要考虑应用中位数或众数来衡量数据的平均水平。

中位数要求数据为定序尺度以上的数据。对于定序数据,一般考虑用中位数来代表其一般水平;对于定量数据,当极端值现象较为严重,而不能采用算术平均数衡量其一般水平时,可以考虑采用中位数来衡量其平均水平。

众数对数据的计量尺度没有要求,对于任何数据都可以计算,但众数只有在总体单位总数较多,且变量值有明显的集中趋势时才有意义。当获取变量的所有数据比较困难或极端现象较为严重,且数据的集中趋势很强时,可以考虑用众数来代替算术平均数,来衡量现象的一般水平。

4. **答:**在统计上用来测度离散程度的指标称为标志变异指标,简称为变异指标。

变异指标主要有以下几方面的作用:

(1)评价平均数的代表性。变异指标越小,平均数的代表性越好,反之则反。

(2)反映现象变动的均衡性。变异指标越小,现象变动越均衡,反之则反。

(3)用于衡量统计推断效果。在样本容量不变时,变异指标越大,统计推断的误差越大,反之则反。

5. **答:**标准分数具有以下用途:

(1)衡量某个变量值在一组数据中的相对位置,进而可用于不同分布下数据水平的比较;

(2)可以和正态分布结合起来,求得概率和标准分值之间的对应关系;

(3)在对称分布下,可以用于判断一组数据是否存在离群点。

6. **答:**当比较多组数据的离散程度,需要计算离散系数。因为极差、四分位差、平均差和标准差都是绝对数，用这些绝对数变异指标比较多组数据的离散程度，存在两个方面的问题：①这些变异指标的数值大小受原始数据水平高低的影响，原始数据水平高的，允许其值较大一些；②这些变异指标与原始数据的计量单位相同，采用不同计量单位的数据组，难以用这些变异指标的进行比较。

因此，当比较几组数据的离散程度，尤其是这些组的水平相差很大或计量单位不同时，不能直接采用以上几种指标，而应将以上指标（比如标准差）与反映一般水平的平均数结合起来，用相对数来比较几组数据的离散程度，即离散系数。

三、计算题

1. **解**

$$\overline{X}_{甲} = \frac{\sum m}{\sum \frac{m}{X}} = \frac{25000 + 150000 + 500000}{\frac{25000}{100} + \frac{150000}{150} + \frac{500000}{400}} = 270\ (\text{千克/亩})$$

$$\overline{X}_{乙} = \frac{\sum Xf}{\sum f} = \frac{150 \times 1250 + 200 \times 500 + 450 \times 750}{1250 + 500 + 750} = 250\ (\text{千克/亩})$$

在相同的耕地自然条件下，乙村的单产均高于甲村，故乙村的生产经营管理工作做得好。但由于甲村的平原地所占比重大，山地所占比重小，乙村则相反，由于权数的作用，使得甲村经管理工作虽然没有乙村好，但其总平均单产却高于乙村。

2. **解** 该零件的平均合格率为：

$$\overline{X}_G = \sqrt[n]{X_1 X_2 \cdots X_n} = \sqrt[3]{95.74\% \times 92.22\% \times 96.3\%} = 97.736\%$$

3. **解** (1)若年利率按复利计算，则该笔投资的平均年利率为：

$$\overline{R}_G = \sqrt[\sum f]{\prod (1+R)^f} - 100\%$$

$$= \sqrt[16]{(1+2\%)(1+4\%)^3(1+5\%)^6(1+7\%)^4(1+8\%)^2} - 100\% = 5.49\%$$

(2)若年利率按单利计算，则该笔投资的平均年利率为：

$$\overline{R} = \frac{\sum Rf}{\sum f} = \frac{2\% \times 1 + 4\% \times 3 + 5\% \times 6 + 7\% \times 4 + 8\% \times 2}{16} = 5.5\%$$

4. **解** (1)该城市居民户总平均月支出为：

$$\overline{X} = \sum X \frac{f}{\sum f}$$

$$= 150 \times 1\% + 250 \times 6\% + 350 \times 15\% + 450 \times 20\% + 550 \times 35\% + 650 \times 10\% + 750 \times 6\% + 850 \times 4\% + 950 \times 2\% + 1050 \times 1\%$$

$$= 525\ (\text{元})$$

(2)该城市居民户月均支出的标准差为：

$$\sigma = \sqrt{\sum (X - \overline{X})^2 \frac{f}{\sum f}}$$

$$= \sqrt{(150-525)^2 \times 1\% + (250-525)^2 \times 6\% + \cdots + (950-525)^2 \times 2\% + (1050-525)^2 \times 1\%}$$

$$= 164.54\ (\text{元})$$

相应的离散系数为：

$$V_\sigma = \frac{\sigma}{\overline{X}} \times 100\% = \frac{164.54}{525} \times 100\% = 31.34\%$$

(3)向上累计次数可知中位数在月支出为 500～600 元的组，故居民月支出的中位数为：

$$M_e = X_L + \frac{\frac{\sum f}{2} - S_{m-1}}{f} d = 500 + \frac{1500 - 1260}{1050} \times 100 = 522.86\ (\text{元})$$

月支出在 500～600 元的居民最多，故众数在 500～600 元之间，因此居民月支出的众数为：

$$M_o = X_L + \frac{\Delta_1}{\Delta_1 + \Delta_2} d = 500 + \frac{15}{15 + 25} \times 100 = 537.5\ (\text{元})$$

(4)由前面的计算可知该市居民月收入满足：$M_e < \overline{X} < M_o$，一般而言，在分布偏斜不严重的情况下，M_e 在 $\overline{X}$ 与 M_o 之间，但显然本题不满足这一关系，说明分布偏斜较大，且不能根据 M_e、$\overline{X}$、M_o 之间的大小来判别分布左偏或者右偏，这里需要计算偏态系数：

$$SK = \frac{\sum (X - \overline{X})^3 f}{\sigma^3 \sum f} = \frac{(150 - 525)^3 \times 1 + (250 - 525)^3 \times 6 + \cdots + (1050 - 525)^3 \times 1}{164.54^3 \times 100} = 0.5783$$

这说明分布为中等偏斜程度的右偏分布。

5. **解** 乙车间工人的平均身高为：

$$\overline{X}_{\text{乙}} = \frac{\sum Xf}{\sum f} = \frac{155 \times 7 + 165 \times 10 + 175 \times 18 + 185 \times 5}{40} = 170.25\ (\text{cm})$$

乙车间工人身高的标准差为：

$$\sigma_{\text{乙}} = \sqrt{\frac{\sum (X - \overline{X})^2 f}{\sum f}}$$

$$= \sqrt{\frac{(155 - 170.25)^2 \times 7 + (165 - 170.25)^2 \times 10 + (175 - 170.25)^2 \times 18 + (185 - 170.25)^2 \times 5}{40}}$$

$$= 9.22\ (\text{cm})$$

由于

$$V_{\text{甲}} = \frac{\sigma_{\text{甲}}}{\overline{X}_{\text{甲}}} \times 100\% = \frac{9}{170.31} \times 100\% = 5.28\%,\ V_{\text{乙}} = \frac{\sigma_{\text{乙}}}{\overline{X}_{\text{乙}}} \times 100\% = \frac{9.22}{170.25} = 5.42\%$$

$V_{\text{甲}} < V_{\text{乙}}$，故甲车间工人平均身高的代表性比乙车间好。

6. **解** (1)第二种排队的平均等待时间为：

$$\overline{X}_2 = \frac{\sum X}{n} = \frac{5.5 + 6.6 + 6.7 + 6.8 + 7.1 + 7.3 + 7.4 + 7.8 + 7.8}{9} = 7\ (\text{分钟})$$

标准差为：

$$\sigma_2 = \sqrt{\frac{\sum (X - \overline{X})^2}{n}}$$

$$= \sqrt{\frac{(5.5-7)^2 + (6.6-7)^2 + (6.7-7)^2 + (6.8-7)^2 + (7.1-7)^2 + (7.3-7)^2 + (7.4-7)^2 + (7.8-7)^2 + (7.8-7)^2}{9}}$$

$$= 0.67\ (\text{分钟})$$

(2)第二种排队方式的顾客等待的平均时间略小于第一种,但其标准差近似为第一种排队方式的 1/3,因此,显然第二种排队方式顾客等待时间的离散程度小于第一种。

(3)选择第二种排队方式,因为其平均值和离散程度都小于第一种。

7. **解** 这位测试者在 A、B 两项测试中的标准分分别为:

$$Z_A = \frac{X_A - \overline{X}_A}{\sigma_A} = \frac{115-100}{15} = 1\ ,\ Z_B = \frac{X_B - \overline{X}_B}{\sigma_B} = \frac{425-400}{50} = 0.5$$

由于 $Z_A > Z_B$,故该测试者 A 项测试的成绩更为理想。

8. **解** 优秀率分布的方差和标准差分别为:

$$\sigma^2_{优秀} = P_{优秀}(1-P_{优秀}) = 15\% \times 85\% = 12.75\%\ ,\ \sigma_{优秀} = \sqrt{12.75\%} = 35.71\%$$

合格率分布的方差和标准差分别为:

$$\sigma^2_{合格} = P_{合格}(1-P_{合格}) = 90\% \times 10\% = 9\%\ ,\ \sigma_{合格} = \sqrt{9\%} = 30\%$$

9. **解** 该粮食作物的平均亩产量和标准差分别为:

$$\overline{X} = \frac{\sum Xf}{\sum f} = \frac{450\times 6+550\times 30+650\times 50+750\times 60+850\times 40+950\times 14}{200} = 720$$

$$\sigma = \sqrt{\frac{\sum (X-\overline{X})^2 f}{\sum f}}$$

$$= \sqrt{\frac{(450-720)^2\times 6+(550-720)^2\times 30+(650-720)^2\times 50+(750-720)^2\times 60+(850-720)^2\times 40+(950-720)^2\times 14}{200}}$$

$$= 122.8821$$

故该粮食作物产量的偏度系数为:

$$SK = \frac{\sum (X-\overline{X})^3 f}{\sigma^3 \sum f} = \frac{(450-720)^3\times 6+(550-720)^3\times 30+\cdots+(950-720)^3\times 14}{122.8821^3\times 200} = -0.0614$$

峰度系数为:

$$K = \frac{\sum (X-\overline{X})^4 f}{\sigma^4 \sum f} - 3$$

$$= \frac{(450-720)^4\times 6+(550-720)^4\times 30+\cdots+(950-720)^4\times 14}{122.8821^4\times 200} - 3 = -0.6143$$

10. **解** (1)采用算术平均数和离散系数来评价,尽量选择平均数大、离散程度小的方法。

(2)方法 A、B、C 组装产品数量的算术平均数分别为:

$$\overline{X}_A = \frac{\sum X}{n} = \frac{164+167+168+\cdots+167+166+165}{15} = 165.6\ (个)$$

$$\overline{X}_B = \frac{\sum X}{n} = \frac{129+130+129+\cdots+128+125+132}{15} = 128.7\ (个)$$

$$\overline{X}_C = \frac{\sum X}{n} = \frac{125+126+126+\cdots+116+126+125}{15} = 125.5\ (个)$$

标准差分别为:

$$\sigma_A=\sqrt{\frac{\sum(X-\overline{X})^2}{n}}$$

$$=\sqrt{\frac{(164-165.6)^2+(167-165.6)^2+\cdots+(166-165.6)^2+(165-165.6)^2}{15}}=2.0591（个）$$

$$\sigma_B=\sqrt{\frac{\sum(X-\overline{X})^2}{n}}$$

$$=\sqrt{\frac{(129-128.7)^2+(130-128.7)^2+\cdots+(125-128.7)^2+(132-128.7)^2}{15}}=1.6918（个）$$

$$\sigma_C=\sqrt{\frac{\sum(X-\overline{X})^2}{n}}$$

$$=\sqrt{\frac{(125-125.5)^2+(126-125.5)^2+\cdots+(126-125.5)^2+(125-125.5)^2}{15}}=2.6800（个）$$

标准差系数分别为：

$$V_A=\frac{\sigma_A}{\overline{X}_A}\times100\%=\frac{2.0591}{165.6}\times100\%=1.24\%$$

$$V_B=\frac{\sigma_B}{\overline{X}_B}\times100\%=\frac{1.6918}{128.7}\times100\%=1.31\%$$

$$V_C=\frac{\sigma_C}{\overline{X}_C}\times100\%=\frac{2.6800}{125.5}\times100\%=2.13\%$$

由于方法A组装的产品数量的平均数高，离散程度小，故应选择方法A组装产品。

说明：可以看到，不论是样本数据，还是总体数据，以上答案中的方差、标准差、偏态系数和峰态系数均是按本章给出的计算公式计算的，但实际上本章给出的这些指标的公式均是总体数据下的计算公式，对于样本下这些指标的计算公式，可参阅第六章和其他有关的统计书籍。

补充练习题

一、单项选择题

1. 某地区2015年工人劳动生产率为11300元/人，人均国民收入1200元，这两个指标（　　）。

A. 均为平均指标　　B. 均为强度相对数

C. 前者为平均指标，后者为强度相对数　　D. 前者为强度相对数，后者为平均指标

2. 下列关于平均数、中位数和众数的描述，错误的是（　　）。

A. 三者都是用来反映数据的集中趋势

B. 平均数易被大多数人理解和接受，实际中用的也较多

C. 众数容易受到极端值的影响

D. 当数据为偏态分布时，使用众数和中位数的代表性较强

3. 现有一数列：3,9,27,81,243,729,2187，反映其平均水平最好用（　　）。

A. 算术平均数　　B. 几何平均数　　C. 调和平均数　　D. 中位数

4. 算术平均数均有如下哪个数学性质（　　）。

A. $\sum|X-\overline{X}|=\min$　　B. $\sum(X-\overline{X})^2=\min$

C. $\sum(X-\overline{X})=\min$　　D. $\sum(X-\overline{X})^2=\max$

5. 某大学财经学院有2000名学生，法学院有1200名学生，医学院有800名学生，理学院有500名学生。描述该组数据的集中趋势宜采用(　　)

A. 众数　　B. 中位数　　C. 调和平均数　　D. 算术平均数

6. 某企业工人有一半月收入低于1000元，有一半高于1000元，众数为800元，则该企业工人月收入的算术平均数 $\overline{X}$ 的近似值及分布态势分别为(　　)。

A. $\overline{X}=1100$；左偏　　B. $\overline{X}=1100$；右偏

C. $\overline{X}=1000$；左偏　　D. $\overline{X}=1000$；右偏

7. 在变量数列中，如果变量值较小的一组权数较大，则计算出来的算术平均数(　　)。

A. 接近于变量值小的一方　　B. 接近于变量值大的一方

C. 不受权数的影响　　D. 无法判断

8. 在变异指标中，其数值越小，则(　　)。

A. 说明变量值越分散，平均数的代表性越低

B. 说明变量值越集中，平均数的代表性越低

C. 说明变量值越分散，平均数的代表性越高

D. 说明变量值越集中，平均数的代表性越高

9. 平均差和标准差的主要区别在于(　　)。

A. 意义不同　　B. 计算结果不同　　C. 计算条件不同　　D. 数学处理方法不同

10. 两个总体的平均数不等，但标准差相等，则(　　)。

A. 平均数大，代表性大　　B. 平均数小，代表性大

C. 两个平均数的代表性相同　　D. 无法判断

11. 是非标志标准差的最大值是(　　)。

A. 1.0　　B. 0.5　　C. 0.75　　D. 0.25

12. 计算标准差时，如果从每个变量值中减去任意数A，则计算结果与原标准差相比(　　)。

A. 变大　　B. 变小　　C. 不变　　D. 可能变大也可能变小

二、判断题

1. 根据分组资料计算的算术平均数，只是一个近似值。(　　)

2. 平均差和标准差都表示各标志值对算术平均数的平均离差。(　　)

3. 组距数列条件下，众数的大小主要取决于众数组相邻两组次数多少的影响。(　　)

4. 当各组的变量值所出现的频率相等时，加权算术平均数中的权数就失去作用，因此，加权算术平均数也就等于简单算术平均数。(　　)

5. 比较两组数列的平均数代表性时，标准差系数越小，说明平均数的代表性越大。(　　)

6. 几何平均数受极端值影响较算术平均数和调和平均数小，故较稳健。(　　)

7. 当总体分布呈右偏时，则众数最小，算术平均数最大。(　　)

8. 加权调和平均数有时可作为加权算数平均数的变形。(　　)

9. 各单位标志值与中位数离差的绝对值之和为最小值。(　　)

10. 平均指标除了可以运用到同质总体中，也可以运用于非同质总体。(　　)

三、填空题

1. 某企业生产甲、乙、丙、丁四种产品的单位成本分别为10元、15元、20元和25元，这四

种产品的总成本结构分布如下图，则该企业的平均单位成本为__________。

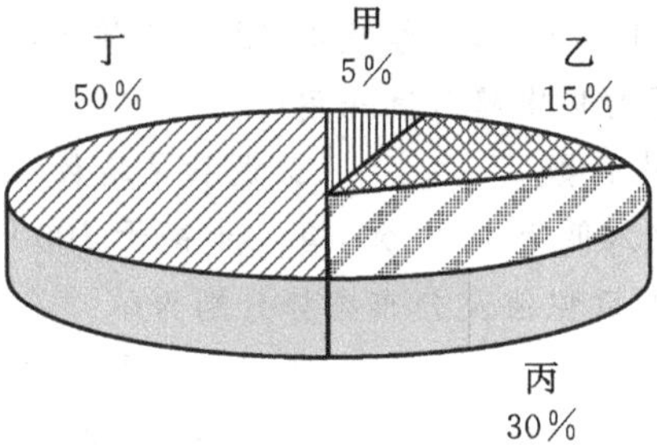

2. 某产品需经过三个车间加工，其加工合格率分别为95%、90%和98%，则这三个车间的平均加工合格率为__________。

3. 某班一次"统计学"考试成绩分布的直方图如下图，则该班同学分数的众数为______。

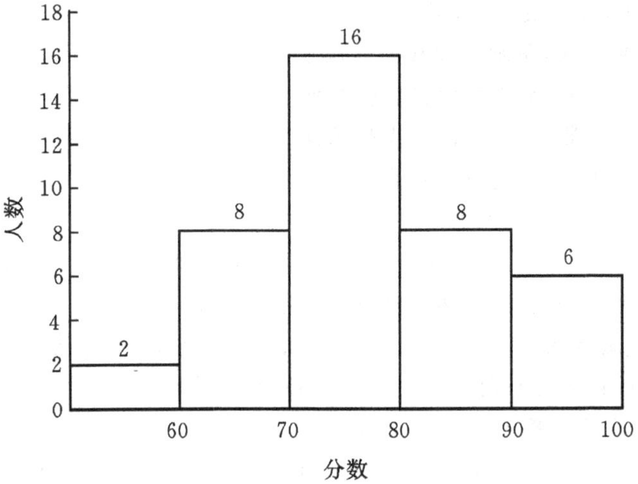

4. 某班一次"统计学"考试成绩分布的直方图如下图，则该班同学分数的中位数为______。

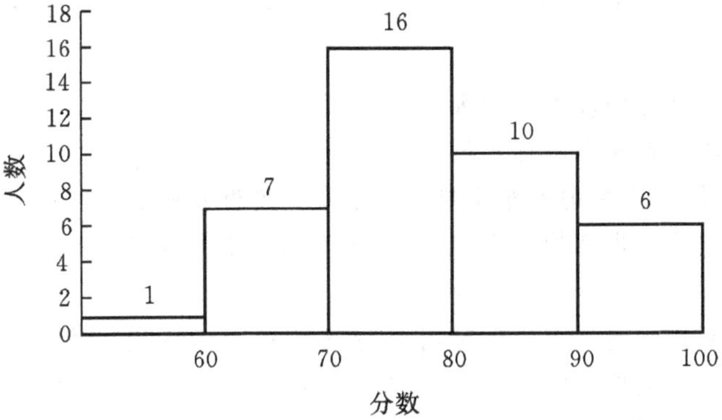

5. 在一次数学考试中，李同学得了109分，该次考试的班级平均分为98分，标准差为11分，则李同学在本次考试中的标准分为__________。

6. 某车间生产的一批零件中，直径大于402厘米的占一半，直径的众数为400厘米，则可估计该零件直径的平均数为__________。

7. 一组数据为3,5,7,9,11，则该组数据的标准差为__________。

8. 一组数据的平均数为70，标准差为7.07，则该组数据的标准差系数为__________。

9. 各个变量值与其算术平均数的离差之和为__________。

10. 一组数据的平均值为21，则将这组数据的每个数值乘以2后加上5后得到的一组数据的平均值为__________。

11. 投资银行某笔投资的年利率按复利计算，前3年的年利率为2%，中间4年的年利率为3%，后3年的年利率为5%，则这笔投资10年的平均年利率为__________。

12. 变量 X 的方差为2，则变量 $Y=2X-5$ 的方差为__________。

四、简答题

1. 算术平均数与加权算术平均数之间有什么关系？

2. 当比较几组数据的离散程度时，应采取哪类变异指标？为什么？

五、计算题

1. 已知甲、乙两企业生产同一种产品，2009年按单位成本分组资料如下表：

按平均单位成本分组（元/件）	甲企业	乙企业
	产量比重（%）	成本比重（%）
10～12	22	25
12～14	30	25
14～16	28	25
16～18	20	25

（1）分别计算甲、乙两企业2009年的平均单位成本；

（2）比较甲、乙两企业2009年的平均单位成本，并作简单分析。

2. 某生产车间50名工人日加工零件数分组资料如下表：

按日加工零件数分组（件）	工人数（人）
105～110	3
110～115	5
115～120	8
120～125	14
125～130	10
130～135	6
135～140	4
合计	50

试计算该生产车间工人日加工零件的众数和中位数。

3. 某班20名同学参加两门课程考试，成绩如下表：

政治经济学考试成绩（按4分制评分）

成绩(分)	学生数(人)
5	2
4	9
3	5
2	4
合计	20

统计学考试成绩（按百分制评分）

成绩(分)	学生数(人)
60以下	2
60～70	3
70～80	8
80～90	5
90～100	2
合计	20

(1)分别计算各门课程的平均成绩；

(2)通过计算，说明哪门课程的平均成绩具有较大的代表性。

4. 甲、乙两单位工人的生产资料如下表：

日产量(件)	甲单位工人数(人)	乙单位总产量(件)
1	120	30
2	60	120
3	20	30
合计	200	180

试通过计算分析：

(1)哪个单位工人的生产水平高？

(2)哪个单位工人的生产水平整齐？

第四章 时间数列

学习目的和要求

通过本章的学习，要了解时间数列的基本概念和类型，掌握时间数列的水平和速度分析指标的计算方法，能对时间数列所反映的现象进行因素分解，掌握长期趋势和季节变动的测定方法，并在此基础上借助于Excel等计算工具，对现象的未来发展进行预测。

内容提要

一、时间数列的基本概念与种类

(一)基本概念

1. 时间数列

将某种现象在时间上变化发展的一系列同类的统计指标，按时间先后顺序排列，形成的数列称为时间数列，也称为动态数列或时间序列。

2. 时间数列的构成要素

时间数列的构成要素包括资料所属的时间和各个时间上的指标数值。

(二)时间数列的种类

时间数列按统计指标的性质不同，可以分为绝对数时间数列、相对数时间数列和平均数时间数列三种。根据时间状况的不同，绝对数时间数列又分为时期数列和时点数列。

时间序列按数列包含的变动成分的不同，可分为平稳型时间数列、趋势型时间数列和复合型时间数列。

(三)时间数列的编制原则

1. 一般原则（可比性原则）

(1)时期长短应该统一；

(2)总体范围应该一致；

(3)指标的经济内容应该相同；

(4)计算口径应该统一。

2. 特殊原则

在某些特殊场合，为反映某特殊效果，时间的跨度和总体范围可适当不同。

二、时间数列的水平分析

(一)发展水平

在时间数列中,各项具体的指标数值叫做发展水平或时间数列水平。其中第一个指标数值叫最初水平,最后一个指标数值叫最末水平,其余各指标数值叫中间各项水平。在对两个时间的发展水平作动态对比时,作为对比基础时期的水平称为基期水平,作为研究时期的指标水平称为报告期水平或计算期水平。

(二)平均发展水平

1.概念

将不同时期的发展水平加以平均而得的平均数叫做平均发展水平,在统计上又称为序时平均数或动态平均数。

2.计算方法

(1)根据绝对数时间数列计算(见表 4-1)。

表 4-1　绝对数时间数列序时平均数的计算公式

<table>
<tr><th colspan="3">数列类型</th><th>计算公式</th></tr>
<tr><td colspan="3">时期数列</td><td>$\bar{a}=\frac{\sum a}{n}$</td></tr>
<tr><td rowspan="4">时点数列</td><td rowspan="2">连续时点数列</td><td>逐日变动</td><td>$\bar{a}=\frac{\sum a}{n}$</td></tr>
<tr><td>非逐日变动</td><td>$\bar{a}=\frac{\sum af}{\sum f}$</td></tr>
<tr><td rowspan="2">间断时点数列</td><td>间隔相等</td><td>$\bar{a}=\frac{\frac{a_1+a_2}{2}+\frac{a_2+a_3}{2}+\cdots+\frac{a_{n-1}+a_n}{2}}{n-1}=\frac{\frac{a_1}{2}+a_2+a_3+\cdots+a_{n-1}+\frac{a_n}{2}}{n-1}$</td></tr>
<tr><td>间隔不等</td><td>$\bar{a}=\frac{\frac{a_1+a_2}{2}f_1+\frac{a_2+a_3}{2}f_2+\cdots+\frac{a_{n-1}+a_n}{2}f_{n-1}}{f_1+f_2+\cdots+f_{n-1}}$</td></tr>
</table>

(2)根据相对数或平均数时间数列计算。

相对数或平均数($c=a/b$)时间数列的序时平均数计算公式为:

$$\bar{c}=\frac{\bar{a}}{\bar{b}} \tag{4.1}$$

$\bar{a}$、$\bar{b}$的计算有三种情况:①a、b 同为时期数列;②a、b 同为时点数列;③a 为时期数列,b 为时点数列。

根据以上三种情况,在表 4-1 中选择公式计算 $\bar{a}$ 和 $\bar{b}$,然后根据(4.1)式得出 $\bar{c}$。

(三)增长量和平均增长量

1.增长量

(1)定义。

$$增长量 = 报告期水平 - 基期水平 \tag{4.2}$$

逐期增长量：

$$a_1-a_0,\quad a_2-a_1,\quad \cdots,\quad a_n-a_{n-1} \tag{4.3}$$

累计增长量：

$$a_1-a_0,\quad a_2-a_0,\quad \cdots,\quad a_n-a_0 \tag{4.4}$$

其中 a_0，a_1，a_2，…，a_{n-1}，a_n 为原时间数列中各项指标数值。

(2)逐期增长量和累计增长量的关系。

①逐期增长量之和等于相应时期的累计增长量；②两相邻时期的累计增长量之差等于相应时期的逐期增长量。

2. **平均增长量**

(1)概念：是逐期增长量的序时平均数。

(2)计算公式。

$$\text{平均增长量}=\frac{\text{逐期增长量之和}}{\text{逐期增长量个数}}=\frac{\text{最终累计增长量}}{\text{时间数列项数}-1}=\frac{\text{最末水平}-\text{最初水平}}{\text{最末时间}-\text{最初时间}} \tag{4.5}$$

三、时间数列的速度分析

(一)发展速度

1. **定义**

$$\text{发展速度}=\frac{\text{报告期水平}}{\text{基期水平}}\times 100\% \tag{4.6}$$

定基发展速度：

$$\frac{a_1}{a_0},\quad \frac{a_2}{a_0},\quad \cdots,\quad \frac{a_n}{a_0} \tag{4.7}$$

环比发展速度：

$$\frac{a_1}{a_0},\quad \frac{a_2}{a_1},\quad \cdots,\quad \frac{a_n}{a_{n-1}} \tag{4.8}$$

2. **定基发展速度和环比发展速度的关系**

(1)环比发展速度的连乘积等于相应时期的定基发展速度；

(2)相邻时期的定基发展速度之比等于相应时期的环比发展速度。

(二)增长速度

$$\text{增长速度}=\frac{\text{增长量}}{\text{基期水平}}\times 100\%=\frac{\text{报告期水平}-\text{基期水平}}{\text{基期水平}}=\text{发展速度}-1(\text{或 }100\%) \tag{4.9}$$

由于采用的基期不同，增长速度也有定基增长速度和环比增长速度之分。但这两个指标是不能直接进行互相换算的。如要进行换算，须先将环比增长速度加“1”化为环比发展速度后，再连乘得定基发展速度，然后再减“1”，才能求得定基增长速度。

(三)平均发展速度与平均增长速度

1. **平均发展速度**

(1)概念：是各期环比发展速度的序时平均数。

(2)计算方法：几何平均法(水平法)和方程法(累计法)。

①几何平均法。

$$\overline{X} = \sqrt[n]{\frac{a_n}{a_0}} = \sqrt[n]{X_1 X_2 \cdots X_n} \tag{4.10}$$

其中 a_0 为最初发展水平，a_n 为最末发展水平，$X_i = a_i/a_{i-1}$（$i = 1,2,\cdots,n$）是各期环比发展速度。

适用场合：若关注的是计划期最末水平，则计算平均发展速度时使用几何平均法。

②方程法。

通过求解多项式方程

$$\overline{X} + \overline{X}^2 + \cdots + \overline{X}^n = \frac{\sum_{i=1}^{n} a_i}{a_0} \tag{4.11}$$

来得到平均发展速度。

适用场合：若关注的是计划期总水平，则计算平均发展速度时使用方程法。

2. 平均增长速度

(1)概念：是各期环比增长速度的序时平均数。

(2)与平均发展速度的关系。

平均增长速度 = 平均发展速度−1(或 100%)　　(4.12)

3. 计算和应用平均速度时应注意的问题

(1)根据统计研究目的选择适当的计算方法；

(2)选择合适的基期，注意现象发展在整个研究时期的同质性；

(3)注意采用分段平均速度来补充说明总平均速度；

(4)要注意将平均速度指标与其他指标相结合使用。

(四)速度分析应注意的问题

(1)当时间数列中的指标数值出现 0 或负数时，不宜计算速度指标。

(2)速度分析要结合水平分析来使用。

四、时间数列因素分解与测定

(一)时间数列因素分解

1. 时间数列影响因素

(1)长期趋势(T)，即由各个时期普遍和长期起作用的基本因素引起的变动。

(2)季节变动(S)，即由自然季节变换和社会习俗等因素引起的有规律的周期性波动。

(3)循环变动(C)，即指现象发展变化中的一种近乎规律性的盛衰交替变动。

(4)不规则变动(I)，也即剩余变动或随机变动，它是时间数列中除了上述三种变动之外，还存在受临时的、偶然的因素或不明原因而引起的非趋势性、非周期性的随机变动。

2. 分解模式

加法模式——四种因素相互独立时：$Y = T + S + C + I$

乘法模式——四种因素相互影响时：$Y = T \times S \times C \times I$

(二)长期趋势的测定

1.测定的意义

(1)在于把握现象的趋势变化;

(2)从数量方面来研究现象发展的规律性,探求合适趋势线,为进行统计预测提供必要条件;

(3)测定长期趋势,可以消除原有时间数列中长期趋势的影响,以便更好地显示和测定季节变动。

2.测定方法

(1)时距扩大法。

时距扩大法可以削弱数据所受到的短期的、偶然的因素,而显示出现象变动的基本趋势。

(2)移动平均法。

采用逐项递推移动的方法,分别计算一系列移动的序时平均数,形成一个新的派生的序时平均数时间数列,来代替原有的时间数列。

移动平均法也使得短期的、偶然的因素引起的变动被削弱了,从而呈现出明显的长期趋势。

应用移动平均法,需要注意下列六点:

①移动平均后的数列,比原数列项数要减少:趋势值项数=原数列项数－移动平均项数＋1。

②在没有循环周期的情形下,移动的项数越多,用移动平均法对原时间数列修匀的效果越好。

③时间数列如有循环周期,则应选择现象的变动周期作为移动的时间跨度。

④采用奇数项移动比较简单,一次即得趋势值;若选择偶数项移动平均,则还需要对得到的移动平均值进行一次二项移动平均,以移正趋势值的时间位置。

⑤简单移动平均法只适用于对线性趋势的测定,对于非线性趋势的测定,需应用加权移动平均法。

⑥由于移动平均法的测定值代表的是时间中项对应的数值,故无法直接用其对现象的未来趋势进行预测,否则存在着预测上的滞后。

(3)趋势模型法。

①模型的选择依据:散点图;增长特征法。

②模型参数估计准则——最小二乘准则。

$$\sum (y-\hat{y})^2 = \min \tag{4.13}$$

③直线趋势的测定。

直线趋势方程的一般形式:

$$\hat{y} = a + bt \tag{4.14}$$

参数估计的一般公式:

$$b = \frac{\sum (t-\bar{t})(y-\bar{y})}{\sum (t-\bar{t})^2} = \frac{n\sum ty - \sum t \sum y}{n\sum t^2 - (\sum t)^2}, \quad a = \frac{\sum y}{n} - b\frac{\sum t}{n} = \bar{y} - b\bar{t} \tag{4.15}$$

当 t 对称取值,使得 $\sum t=0$ 时,(4.15)式可简化为:

$$a=\bar{y}\ ,\ b=\frac{\sum ty}{\sum t^2} \tag{4.16}$$

④抛物线趋势的测定。

类似于直线趋势的测定。

⑤指数曲线趋势的测定。

可通过取对数将其转化为直线趋势,然后用直线趋势测定的方法进行估计和预测。

(三)季节变动的测定

(1)不含长期趋势的情形——同期平均法。

(2)含长期趋势的情形——移动平均剔除法。

先利用移动平均法测定长期趋势,然后从原数列中剔除长期趋势,再使用同期平均法测定长期趋势。

五、时间数列预测

(一)预测的基本步骤

第一步:确定时间序列所包含的成分,也就是确定时间序列的类型。

第二步:找出适合此类时间序列的预测方法。

第三步:对可能的预测方法进行评估,以确定最佳预测方案。

第四步:利用最佳预测方案进行预测。

(二)平稳时间序列预测

1. 移动平均法

(1)简单移动平均法。

设当前时期为 t,移动平均的项数(也称为步长)N,则简单移动平均法的计算公式为:

$$\hat{Y}_{t+1}=\frac{Y_{t-N+1}+Y_{t-N+2}+\cdots+Y_{t-1}+Y_t}{N} \tag{4.17}$$

步长 N 取得越大,对数据的平滑作用就越强,但预测值对数据变化的敏感性较差,反之则相反。因此,当数据的随机因素较大时,宜选用较大的 N,这样有利于较大限度地平滑由随机性所带来的严重偏差;反之,当数据的随机因素较小时,宜选用较小的 N,这有利于跟踪数据的变化。

(2)加权移动平均法。

$$\hat{Y}_{t+1}=w_1Y_t+w_2Y_{t-1}+w_{N-1}Y_{t-N+2}+w_NY_{t-N+1} \tag{4.18}$$

其中 $w_1\geqslant w_2\geqslant\cdots\geqslant w_N$,且 $\sum w=1$ 。

2. 指数平滑预测法

$$\hat{Y}_{t+1}=\alpha Y_t+(1-\alpha)\hat{Y}_t \tag{4.19}$$

其中 α 叫做平滑系数($0<\alpha<1$)。

平滑系数 α 越大,对现象变化的跟踪反映就越敏捷,但平滑的作用就越弱;反之,α 越小,对数据的跟踪反应越迟缓，而平滑作用越强。

（三）趋势型时间数列的预测

可采用趋势外推法，即建立趋势模型，然后从时间上进行外推。

（四）复合型时间数列的预测

可采用分解预测法，即分别测定长期趋势和季节变动，然后按时间序列分解模式进行整合，得出预测值。

学习重点与难点

学习本章，要重点理解时间序列的水平分析和速度分析涉及的各项指标及应用需要注意的事项，掌握时间序列变动因素的测定与预测的方法。

教材“思考与练习”参考答案

一、单项选择题

1B；2. B；3. B；4. D；5. C；6. D；7. A；8. C；9. D；10. D；11. C；12. A；13. B；14. A；15. A；16. B；17. B；18. C；19. A；20. B；21. A；22. B；23. C；24. A；25. A

二、思考题

1. **答**：将某种现象在时间上变化发展的一系列同类的统计指标，按时间先后顺序排列，形成的数列称为时间数列，也称为动态数列或时间序列。

时间数列按统计指标的性质不同，可以分为绝对数时间数列、相对数时间数列和平均数时间数列三种。根据时间状况的不同，绝对数时间数列又分为时期数列和时点数列。

时间序列按数列包含的变动成分的不同分为平稳型时间数列、趋势型时间数列和复合型时间数列。平稳型时间数列只包含不规则变动；趋势型时间数列除了包含不规则变动外，还包含长期趋势；复合型时间数列除了包含不规则变动外，还至少包含其他三种变动中的两种。

2. **答**：主要有以下四点区别：

（1）指标的时间状况不同。时期数列中的各指标数值是现象在一段时间内达到的规模与水平，而时点数列中的各指标数值是现象在某一瞬间达到的规模与水平。

（2）时期数列中各指标数值具有可加性，而时点数列中各指标数值不能相加。

（3）时期数列中各指标数值大小与时期的长短成正比，而时点数列各指标数值大小与时点的间隔没有直接关系。

（4）时期数列采用连续性登记，而时点数列采用间断登记。

3. **答**：编制时间数列的一般性原则为可比性原则，即：

（1）时间的跨度或间隔应相等；

（2）总体范围应保持一致；

（3）指标的经济内容应该相同；

（4）指标的计算口径应该统一。

但在某些特殊场合，为反映某特殊效果，时间的跨度和总体范围可适当不同。

4. **答**：主要有以下区别：

（1）代表的内容不同：静态平均数代表标志值的一般水平，而序时平均数代表指标的一般水平；

(2)抽象的对象不同:静态平均数从静态上将标志值的数量差异抽象化,而序时平均数从动态上将指标数量差异抽象化;

(3)计算依据的数列不同:静态平均数根据次数分布数列来计算,而序时平均数根据时间数列计算。

5. **答**:计算和应用平均速度需要注意以下几个方面的问题:

(1)要根据统计研究目的选择计算方法。当目的在于考察最末一期发展水平而不关心各期水平总和时,应采用水平法;当目的在于考察各期发展水平总和而不关心最末一期水平时,应采用累计法。

(2)要结合具体研究目的适当选择基期,并注意其所依据的基本指标在整个研究时期的同质性。

(3)应注意采用分段平均速度来补充说明总平均速度。

(4)要注意将平均速度指标与发展水平、增长量、环比速度、定基速度等其他指标相结合使用。

6. **答**:时间数列变动的因素按其性质和作用大致可以归纳为四种:

(1)长期趋势(T),即由各个时期普遍和长期起作用的基本因索引起的变动;

(2)季节变动(S),即由自然季节变换和社会习俗等因素引起的幅度和长度都相对固定的周期性变动;

(3)循环变动(C),指现象发展变化中的一种近乎规律性的盛衰交替变动;

(4)不规则变动(I),是除上述三种变动之外的,由偶然因素影响而表现出的非趋势性、非周期性的随机变动。

当4种变动相互独立的时,时间数列按加法模式分解,即:$Y = T + S + C + I$;

当4种变动相互影响的时,时间数列按乘法模式分解,即:$Y = T \times S \times C \times I$。

7. **答**:对时间序列进行预测时,通常包括以下几个步骤:

第一步:确定时间序列所包含的成分,也就是确定时间序列的类型;

第二步:找出适合此类时间序列的预测方法;

第三步:对可能的预测方法进行评估,以确定最佳预测方案;

第四步:利用最佳预测方案进行预测。

8. **答**:分解预测法通常按下面的步骤进行:

第一步:按移动平均法测定长期趋势,移动的时间跨度为季节变动的周期(通常为一年)。

第二步:用时间数列中的原始数据除以第一步得到的趋势值,以剔除长期趋势,并对得到的数据按同期平均法计算季节指数 S。

第三步:用时间数列中的原始数据除以季节指数 S,以剔除季节变动,利用得到的数据建立趋势模型,并根据趋势模型外推得出长期趋势的预测值 $\hat{T}$。

第四步:计算 $\hat{Y} = \hat{T} \times S$,所得数据便是复合型时间数列的最终预测结果。

有时,在预测精度要求不高,且至少有5年以上月份或季度数据的情形下,以上第三步和第四步也可以改为:

第三步':将月份或季度数据合并成年度数据,建立年度数据的趋势模型,根据此模型外推得出年度数据的长期趋势值 T。

第四步':计算 $\hat{Y} = \frac{\hat{T}}{N} \times S$,$N = 4$ 或12(原始数据为季度数据,$N = 4$;原始数据为月份

数据，$N=12$）。$\hat{Y}$ 便是最终的预测结果。

三、计算题

1.**解** 该企业 4 月份非直接生产人员的平均人数为：

$$\overline{a}=\frac{\sum af}{\sum f}=\frac{100\times14+95\times16}{30}=97.3\text{（人）}$$

该企业 4 月份全部职工的平均人数为：

$$\overline{b}=\frac{\sum bf}{\sum f}=\frac{500\times14+490\times7+495\times9}{30}=496.2\text{（人）}$$

2.**解** 该工地第一、二、三、四季度的平均库存量分别为：

$$\overline{a}_1=\frac{\frac{a_1}{2}+a_2+a_3+\frac{a_4}{2}}{3}=\frac{\frac{8.14}{2}+7.83+7.25+\frac{8.28}{2}}{3}=7.76\text{（吨）}$$

$$\overline{a}_2=\frac{\frac{a_4+a_5}{2}\times2+\frac{a_5+a_6}{2}}{3}=\frac{\frac{8.28+10.12}{2}\times2+\frac{10.12+9.76}{2}}{3}=9.45\text{（吨）}$$

$$\overline{a}_3=\frac{a_6+a_7}{2}=\frac{9.76+9.82}{3}=9.79\text{（吨）}$$

$$\overline{a}_4=\frac{\frac{a_7+a_8}{2}+\frac{a_8+a_9}{2}\times2}{3}=\frac{\frac{9.82+10.04}{2}+\frac{10.04+9.56}{2}\times2}{3}=9.84\text{（吨）}$$

全年的平均库存量为：

$$\overline{a}=\frac{\overline{a}_1+\overline{a}_2+\overline{a}_3+\overline{a}_4}{4}=\frac{7.76+9.45+9.79+9.84}{4}=9.21\text{（吨）}$$

3.**解** 2009—2013 年该企业工程技术人员占职工人数的平均比重为：

$$\overline{c}=\frac{\frac{a_1}{2}+a_2+\cdots+a_{n-1}+\frac{a_n}{2}}{\frac{b_1}{2}+b_2+\cdots+b_{n-1}+\frac{b_n}{2}}=\frac{\frac{40}{2}+43+50+52+60+\frac{64}{2}}{\frac{1000}{2}+1202+1120+1230+1285+\frac{1415}{2}}=4.25\%$$

4.**解**(1)1 月、2 月、3 月商品周转次数依次为：

$$\overline{c}_1=\frac{a_1}{(b_1+b_2)/2}=\frac{100}{(48+52)/2}=2$$

$$\overline{c}_2=\frac{a_2}{(b_2+b_3)/2}=\frac{159}{(52+54)/2}=3$$

$$\overline{c}_3=\frac{a_3}{(b_3+b_4)/2}=\frac{130}{(54+50)/2}=2.5$$

(2)第一季度平均每月的商品周转次数为：

$$\overline{c}=\frac{\overline{a}}{\overline{b}}=\frac{a_1+a_2+a_3}{\frac{b_1}{2}+b_2+b_3+\frac{b_4}{2}}=\frac{100+159130}{\frac{48}{2}+52+54+\frac{50}{2}}=2.51$$

(3)第一季度商品周转次数为：

$$3\times\overline{c}=3\times2.51=7.53$$

5.**解** (1)

	第1年	第2年	第3年	第4年	第5年	平均
钢产量发展水平(千吨)	200	240	360	540	756	419.2
逐期增长量(千吨)	——	40	120	180	216	139.0
累计增长量(千吨)(第1年为基期)	——	40	160	340	556	——
环比发展速度(%)	——	120	150	150	140	139.4
定基发展速度(%)(第1年=100)	——	120	180	270	378	——
环比增长速度(%)	——	20	50	50	40	39.4
定基增长速度(%)	——	20	80	170	278	——
环比增长1%的绝对值(千吨)	——	2	2.4	3.6	5.4	——
定基增长2%的绝对值(千吨)(第1年为基期)	——	2	2	2	2	——

注:以上平均发展速度和平均增长速度是按水平法计算得到的,若按累计法计算则分别为137.7%和37.7%。

(2)略(见教材第二节和第三节的内容)。

6.**解** 2015年该地区的人口数预计为:

$$2000\times(1+0.9\%)^4=2072.978\ (\text{万人})$$

则要满足题目要求,该地区2015年的GDP应达到:

$$2072.978\times9500=19693291\ (\text{万元})\approx1969.33\ (\text{亿元})$$

要达到这一数量,该地区2012—2015GDP的年均增长速度应达到:

$$\overline{R}_G=\sqrt[n]{\frac{a_n}{a_0}}-1=\sqrt[4]{\frac{1969.33}{1240}}-1=12.26\%$$

7.**解** (1)按几何平均法计算得甲企业的平均发展速度为:

$$\overline{X}_{甲}=\sqrt[n]{\frac{a_n}{a_0}}=\sqrt[5]{\frac{130}{102}}=104.97\%$$

同理可计算得到乙、丙两个企业的平均发展速度分别为 $\overline{X}_{乙}=107.63\%$, $\overline{X}_{丙}=103.30\%$。

按方程法,甲企业的平均发展速度满足:

$$\overline{X}_{甲}+\overline{X}_{甲}^2+\overline{X}_{甲}^3+\overline{X}_{甲}^4+\overline{X}_{甲}^5=\frac{\sum_{i=1}^{n}a_i}{a_0}=\frac{580}{102}$$

利用计算机解该方程可以得到 $\overline{X}_{甲}=104.32\%$ 。

同理可得,方程法下 $\overline{X}_{乙}=104.53\%$, $\overline{X}_{丙}=103.32\%$ 。

(2)两种方法所求得的结果发生差异的原因主要在于两种计算方法的出发点不一样:几何平均法着重于计划期的最末水平,要求按平均发展速度推算出最末水平与实际最末水平相等;而方程法着重于计划期的累计水平之和,要求按平均发展速度推算出计划期水平之和与计划期实际水平之和相等。

8. **解** (1)应用移动平均法和指数平滑法进行预测的过程和结果见下表：

年份	小麦产量	移动平均法		指数平滑法	
		$N=3$	预测误差	$\alpha=0.3$	预测误差
1996	9595.3	——	——	——	——
1997	10158.7	——	——	9595.3	563.4
1998	10639	——	——	9764.32	874.68
1999	9929.7	10131	−201.3	10026.72	−97.024
2000	10220.7	10242.47	−21.7667	9997.617	223.0832
2001	11056.9	10263.13	793.7667	10064.54	992.3582
2002	12328.9	10402.43	1926.467	10362.25	1966.651
2003	10972.6	11202.17	−229.567	10952.24	20.35554
2004	11388	11452.8	−64.8	10958.35	429.6489
2005	9963.6	11563.17	−1599.57	11087.25	−1123.65
2006	9387.3	10774.73	−1387.43	10750.15	−1362.85
2007	9029	10246.3	−1217.3	10341.3	−1312.3
2008	8648.8	9459.967	−811.167	9947.608	−1298.81
2009	9195.2	9021.7	173.5	9557.965	−362.765
2010	9744.5	8957.667	786.8333	9449.136	295.3643
2011	10846.6	9196.167	1650.433	9537.745	1308.855
2012	10929.8	9928.767	1001.033	9930.401	999.3985
2013	11246.4	10506.97	739.4333	10230.22	1016.179
2014	——	11007.6	——	10535.07	——

可见，利用三项移动平均法和指数平滑法（$\alpha=0.3$，初值为 9595.3）得到的该地区 2014 年小麦产量的预测值分别为 11007.6 万吨和 10535.07 万吨。

根据上表的数据得出如下折线图。

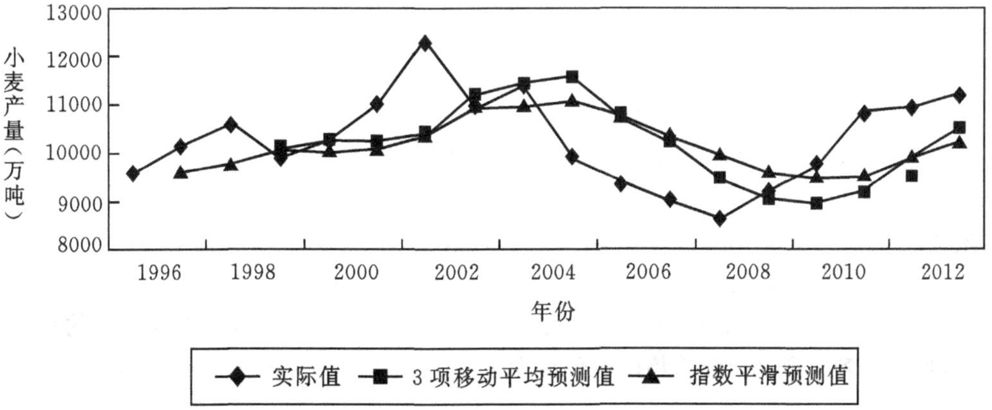

从上图可以看到，指数平滑法下的预测值折线比移动平均法下的预测值折线更平缓，因此

就本题数据而言，指数平滑法对原数据的平滑效果更好一些。

(2)移动平均法下的均方误差为：

$$MSE_1=\frac{\sum(Y-\hat{Y})^2}{n}=\frac{(-201.3)^2+(-21.7667)^2+739.4333^2}{16}=999037.4$$

指数平滑法下的均方误差为：

$$MSE_2=\frac{\sum(Y-\hat{Y})^2}{n}=\frac{(563.4)^2+(874.68)^2+1016.179^2}{18}=926194$$

由于 $MSE_1>MSE_2$，因此从均方误差的角度，指数平滑法比移动平均法更适合预测本题的数据。

9. **解** 取 2007—2013 年对应的时间序号分别为−3，−2，−1，0，1，2，3，则：

$$a=\bar{y}=\frac{\sum y}{n}=\frac{360+400+416+428+440+466+482}{7}=427.4$$

$$b=\frac{\sum ty}{\sum t^2}=\frac{-360\times3-400\times2-416\times1+428\times0+440\times1+466\times2+482\times3}{28}=18.64$$

由此建立的趋势方程为 $\hat{y}=427.4+18.64t$，将 $t=-3,-2,-1,0,1,2,3$ 依次代入方程得到 2007—2013 年的长期趋势值(单位:亿元)依次为：371.5，390.1，408.8，427.4，446.1，464.7，483.4。

将 $t=4$ 代入趋势方程，得到 2014 年的预测值为：

$$\hat{y}_{2014}=427.4+18.64\times4\approx502\text{（亿元）}$$

(**注意**：若 t 取 1，2，3，4，5，6，7，则得出的趋势方程为 $\hat{y}=382.86+18.64t$)

10. **解** (1)计算原数据的逐期增长量和二级增长量(逐期增长量的逐期增长量)，见下表：

年份	2005	2006	2007	2008	2009	2010	2011	2012	2013
投资额(万元)	6240	6291	6362	6450	6562	6695	6845	7018	7210
逐期增长量	——	51	71	88	112	133	150	173	192
二级增长量	——	——	20	17	24	21	17	23	19

由上表可以看到，该地区各年基本建设投资额的二级增长量大致相等，故其呈抛物线趋势变动。

(2)依次取 2005—2013 年的时序为−4，−3，−2，−1，0，1，2，3，4，则根据上表有：

$$\begin{cases}9a+60c=59673\\60b=7272\\60a+708c=400954\end{cases}$$

解得 $a=6562.498$，$b=121.2$，$c=10.175$，所求的抛物线方程为：

$$\hat{y}=6562.498+121.2t+10.175t^2$$

该地区 2014 年的基本建设投资额的预测值为：

$$\hat{y}_{2014}=6562.498+121.2\times5+10.175\times25=7422.881\text{（万元）}$$

11. **解** 依次取 2006—2013 年的时序为−7，−5，−3，−1，1，3，5，7。设要拟合的直线趋势模型、抛物线趋势模型和指数趋势模型分别为 $\hat{y}=a+bt$，$\hat{y}=A+Bt+Ct^2$，$\hat{y}=cd^t$，则：

$$a=\bar{y}=\frac{\sum y}{n}=\frac{2520+2790+\cdots+4168}{9}=3296$$

$$b=\frac{\sum ty}{\sum t^2}=\frac{2520\times(-7)+2790\times(-5)+\cdots+4168\times 7}{168}=113.214$$

故求得是直线趋势方程为 $\hat{y}=3296+113.214t$，由此方程得出2006—2013年的趋势值依次为2503.5，2729.9，2956.4，3182.8，3409.2，3635.6，3862.1，4088.5千克，则相应均方误差为：

$$MSE_1=\frac{\sum(Y-\hat{Y})^2}{n}=\frac{(2520-2503.5)^2+(2790-2729.9)^2+(4168-4088.5)^2}{8}=2231.04$$

A、B、C 满足：

$$\begin{cases}8A+168C=26368\\168B=19020\\168A+6216C=559344\end{cases}$$

由此解得 $A=3252.125$，　$B=113.214$，　$C=2.089$，故有抛物线趋势方程 $\hat{y}=3252.125+113.214t+2.089t^2$，由此方程得出2006—2013年的趋势值依次为2562.0，2738.3，2931.3，3141.0，3367.4，3610.6，3870.4，4147.0千克，则相应均方误差为：

$$MSE_2=\frac{\sum(Y-\hat{Y})^2}{n}=\frac{(2520-2562.0)^2+(2790-2738.3)^2+(4168-4147.0)^2}{8}=764.36$$

对于指数曲线方程，有：

$$\ln c=\overline{\ln y}=\frac{64.70355}{8}=8.088,\ \ln d=\frac{\sum t\ln y}{\sum t^2}=\frac{5.800}{168}=0.034524$$

由此得到 $c=e^{8.088}=3254.987$，$d=e^{0.034524}=1.035127$，故指数趋势曲线方程为 $\hat{y}=3254.987\times1.035127^t$，由此方程得出2006—2013年的趋势值依次为2556.2，2738.9，2934.7，3144.5，3369.3，3610.2，3868.3，4144.8千克，则相应均方误差为：

$$MSE_3=\frac{\sum(Y-\hat{Y})^2}{n}=\frac{(2520-2556.2)^2+(2790-2738.9)^2+(4168-4144.8)^2}{8}=701.84$$

由于 $MSE_1>MSE_2>MSE_3$，且计算捕捞量数据的环比发展速度知其有大致相等的趋势，故选择指数曲线趋势方程来预测更加合适，其2014年的预测值为：

$$\hat{y}=3254.987\times1.035127^9=4441.1\text{（千克）}$$

12. **解** (1)直接应用同期平均法计算季节指数，计算过程及结果见下表：

年＼月份	1	2	3	4	5	6	7	8	9	10	11	12	合计
2010	40	50	41	39	45	53	68	73	50	48	43	38	588
2011	43	52	45	41	48	65	79	86	64	60	45	41	669
2012	40	64	58	56	67	74	84	95	76	68	56	52	790
2013	55	72	62	60	70	86	98	108	87	78	63	58	897
同月平均	44.50	59.50	51.50	49.00	57.50	69.50	82.25	90.50	69.25	63.50	51.75	47.25	61.33①
季节指数(%)	72.55	97.01	83.97	79.89	93.75	113.32	134.10	147.55	112.91	103.53	84.38	77.04	1200

注：①处的数值为所有月份数据的总平均数。

(2)应用移动平均剔除法计算季节指数,计算过程及结果见以下两张表格:

移动平均剔除法计算季节指数计算表(一)

年份	月份	销售量	12 项移动平均	移正平均	趋势剔除
			(2)是对(1)的移动平均	(3)是对(2)的二项移动平均	(4)=(1)/(3)
2010	1月	40	——	——	——
	2月	50	——	——	——
	3月	41	——	——	——
	4月	39	——	——	——
	5月	45	——	——	——
	6月	53	——	——	——
	7月	68	49.00	49.13	1.38
	8月	73	49.25	49.33	1.48
	9月	50	49.42	49.58	1.01
	10月	48	49.75	49.83	0.96
	11月	43	49.92	50.04	0.86
	12月	38	50.17	50.67	0.75
2011	1月	43	51.17	51.63	0.83
	2月	52	52.08	52.63	0.99
	3月	45	53.17	53.75	0.84
	4月	41	54.33	54.83	0.75
	5月	48	55.33	55.42	0.87
	6月	65	55.50	55.63	1.17
	7月	79	55.75	55.63	1.42
	8月	86	55.50	56.00	1.54
	9月	64	56.50	57.04	1.12
	10月	60	57.58	58.21	1.03
	11月	45	58.83	59.63	0.75
	12月	41	60.42	60.79	0.67

续表

年份	月份	销售量	12项移动平均	移正平均	趋势剔除
			(2)是对(1)的移动平均	(3)是对(2)的二项移动平均	(4)=(1)/(3)
2012	1月	40	61.17	61.38	0.65
	2月	64	61.58	61.96	1.03
	3月	58	62.33	62.83	0.92
	4月	56	63.33	63.67	0.88
	5月	67	64.00	64.46	1.04
	6月	74	64.92	65.38	1.13
	7月	84	65.83	66.46	1.26
	8月	95	67.08	67.42	1.41
	9月	76	67.75	67.92	1.12
	10月	68	68.08	68.25	1.00
	11月	56	68.42	68.54	0.82
	12月	52	68.67	69.17	0.75
2013	1月	55	69.67	70.25	0.78
	2月	72	70.83	71.38	1.01
	3月	62	71.92	72.38	0.86
	4月	60	72.83	73.25	0.82
	5月	70	73.67	73.96	0.95
	6月	86	74.25	74.50	1.15
	7月	98	74.75	——	——
	8月	108	——	——	——
	9月	87	——	——	——
	10月	78	——	——	——
	11月	63	——	——	——
	12月	58	——	——	——

移动平均剔除法计算季节指数计算表(二)

年 \ 月份	1	2	3	4	5	6	7	8	9	10	11	12	合计
2010	——	——	——	——	——	——	1.38	1.48	1.01	0.96	0.86	0.75	——
2011	0.83	0.99	0.84	0.75	0.87	1.17	1.42	1.54	1.12	1.03	0.75	0.67	——

续表

年 \ 月份	1	2	3	4	5	6	7	8	9	10	11	12	合计
2012	0.65	1.03	0.92	0.88	1.04	1.13	1.26	1.41	1.12	1.00	0.82	0.75	——
2013	0.78	1.01	0.86	0.82	0.95	1.15	——	——	——	——	——	——	——
同月平均	0.76	1.01	0.87	0.82	0.95	1.15	1.36	1.47	1.08	1.00	0.81	0.73	1.00
季节指数(%)	75.57	100.97	87.21	81.53	95.05	115.14	135.58	147.45	108.29	99.66	81.02	72.53	1200

13. **解**(1)从第一幅统计图可以看出,该风景旅游城市每年第一、四季度旅游人数相对少,而第三季度则相对较多,这说明该城市旅游人数存在明显的季节变动。从第一幅统计图还可以看到,同一季度的旅游人数逐年增长,说明该市旅游人数的变动存在长期趋势,这从第二幅统计图可以进一步看到,该市旅游人数呈明显的线性上升趋势。

(2)方案:利用分解预测法进行预测,即从原始数据中分离出长期趋势和季节变动,借以预测,其具体步骤如下:

第一步:作 4 项移动平均,并对 4 项移动平均的结果再作二项移动平均进行修正。

第二步:用实际值除以上一步得到的移动平均值,以从原数列中剔除长期趋势,然后按照同期平均法计算各季度的季节指数。

第三步:将原始数据除以相应的季节指数,以剔除季节变动,然后利用这些数据建立直线趋势方程。

第四步:利用直线趋势方程预测出 2014 年四个季度的直线趋势值,然后用这些趋势值乘以各季度的季节指数便得 2014 年四个季度旅游人数的预测值。

注:以上第三步和第四步,也可改为:第三步’:利用旅游人数的年度数据建立年度旅游人数的直线趋势方程。第四步’:利用以上趋势方程预测该市 2014 年旅游总人数,再用该预测值除以 4,乘以各季度的季节指数即得 2014 年四个季度旅游人数的预测值。

(3)依题知:

$$\hat{T}_{2014} = 62.1 + 51.3 \times 6 = 369.9\ (\text{万人})$$

于是该风景旅游城市 2013 年各季度的旅游人数预测值依次为:

$$\hat{y}_{2014/1} = \frac{369.9}{4} \times 89.42\% = 82.69\ (\text{万人})$$

$$\hat{y}_{2014/2} = \frac{369.9}{4} \times 101.08\% = 93.47\ (\text{万人})$$

$$\hat{y}_{2014/3} = \frac{369.9}{4} \times 143.28\% = 132.50\ (\text{万人})$$

$$\hat{y}_{2014/4} = \frac{369.9}{4} \times 66.22\% = 61.24\ (\text{万人})$$

(4)依题知:

$\hat{T}_{21} = 18.96 + 3.39 \times 21 = 90.15$ (万人),$\hat{T}_{22} = 18.96 + 3.39 \times 22 = 93.54$ (万人)

$\hat{T}_{23} = 18.96 + 3.39 \times 23 = 96.93$ (万人),$\hat{T}_{24} = 18.96 + 3.39 \times 24 = 100.32$ (万人)

于是该风景旅游城市 2013 年第一、三季度的旅游人数预测值分别为:

$\hat{y}_{2014/1} = 90.15 \times 89.42\% = 80.61$ (万人),$\hat{Y}_{2014/2} = 93.54 \times 101.08\% = 94.55$ (万人)

$\hat{y}_{2014/3} = 96.93 \times 143.28\% = 138.88$（万人），$\hat{Y}_{2014/4} = 100.32 \times 66.22\% = 66.43$（万人）

14. 请读者自选数据，仿照本章“应用案例”的步骤自行完成。

补充练习题

一、单项选择题

1. 下列哪一项是计算其他动态数列分析指标的基础（　　）。

A. 发展水平　　B. 发展速度　　C. 平均发展水平　　D. 平均发展速度

2. 某企业 2011—2015 年的营业收入分别为：200 万，220 万，250 万，300 万，320 万，则年平均增长量为（　　）。

A. 24　　B. 30　　C. $\sqrt[5]{\frac{320}{200}}$　　D. $\sqrt[4]{\frac{320}{200}}$

3. 定基增长速度与环比增长速度的关系（　　）。

A. 定基增长速度等于各环比增长速度的算术和

B. 定基增长速度等于各环比增长速度的连乘积

C. 定基增长速度等于各环比增长速度加 1 后的连乘积再减 1

D. 定基增长速度等于各环比增长速度的连乘积加 1 或 100%

4. 如果侧重分析研究现象在各时期的发展水平之和，则计算平均发展速度应用（　　）。

A. 算术平均法　　B. 调和平均法　　C. 几何平均法　　D. 方程法

5. 移动平均法的主要作用是（　　）。

A. 削弱短期因素引起的波动　　B. 削弱长期的基本因素引起的波动

C. 消除季节变动的影响　　D. 预测未来

6. 计算年距指标的目的是（　　）。

A. 为反映时间序列中的季节变动　　B. 为消除时间序列中的季节变动

C. 为反映时间序列中的循环变动　　D. 为消除时间序列中的长期趋势的变动

7. 假定被研究对象基本上按不变的发展速度发展，为描述现象变动的趋势，借以预测，应选择的趋势方程为（　　）。

A. 直线趋势方程　　B. 指数曲线方程

C. 直线或指数曲线方程均可　　D. 无法判断

8. 按同期平均法测定的各月季节比率之和应等于（　　）。

A. 100%　　B. 120%　　C. 400%　　D. 1200%

9. 某工业企业的增加值，2014 年比 2013 年减少了 5%，而 2015 年则比 2014 年增加了 5%，所以 2015 年与 2013 年相比，该企业的增加值（　　）。

A. 没有变化　　B. 有所增加　　C. 有所减少　　D. 无法判断

10. 用最小二乘法估计时间数列趋势模型的参数，为计算便利，可将时间原点设在时间数列的（　　）。

A. 终点　　B. 起点　　C. 中点　　D. 起点前一点

11. 在一次指数平滑中，平滑系数 α 的大小决定了不同时期数据对预测值的影响，若 α 越小，对预测值始终影响较大的数据是（　　）。

A. 远期数据　　B. 近期数据　　C. 中期数据　　D. 上期预测数据

12. 从下面的图形中，可以判断出该时间序列属于(　　)。

A. 平稳序列　　B. 有趋势的序列

C. 含有季节成分的序列　　D. 含有季节成分和趋势的序列

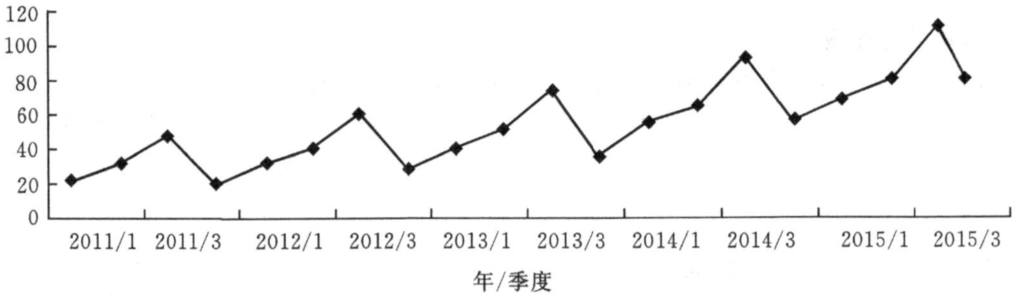

二、多项选择题

1. 时间序列中的派生序列是(　　)。

A. 绝对数时间序列　　B. 相对数时间序列　　C. 平均数时间序列

D. 时期序列　　E. 时点序列

2. 下列属于时期序列的是(　　)。

A. 某省历年出生的婴儿数　　B. 某省历年年末人口数　　C. 某省历年固定资产投资额

D. 某省历年国内生产总值　　E. 某商场各季末商品库存量

3. 时点数列的特点主要有(　　)。

A. 数列中每个指标数值不能相加

B. 数列中每个指标数值可以相加

C. 一般来说，数列中每个指标数值的大小与间隔长短成正比

D. 数列中每个指标数值是通过连续不断的登记而取得的

E. 数列中每个指标数值是通过每隔一定时间登记一次取得的

4. 定基增长速度等于(　　)。

A. 累计增长量除以基期水平　　B. 环比增长速度的连乘积

C. 环比发展速度的连乘积减 1　　D. 定基发展速度减 1

E. 逐期增长量分别除以基期水平

5. 进行时间序列分解时，一般把时间序列的构成因素分为(　　)。

A. 长期趋势　　B. 季节变动　　C. 循环变动

D. 不规则变动　　E. 趋势变动

三、判断题

1. 两个相邻的定基发展速度之商等于相应的环比发展速度。　　(　　)

2. 年距增减水平是反映本期发展水平较上期发展水平的增减绝对量。　　(　　)

3. 把某大学历年招生的增加人数按时间先后顺序排列，形成的动态数列属于时点数列。　　(　　)

4. 若各期的增长量相等，则各期的增长速度也相等。　　(　　)

5. 最佳拟合趋势最好的判断方法即原有数列的实际数值与趋势线的估计数值的离差平方和达到最小。　　(　　)

6. 相对数动态数列和平均数动态数列中，各个指标数值可以相加。（ ）

7. 若逐期增长量每年相等，则其各年的环比发展速度是年年下降的。（ ）

8. 平均增长速度不是根据各个增长速度直接求得，而是根据平均发展速度计算的。（ ）

9. 定基增长速度等于相应的各个环比增长速度连乘积加1（或100%）。（ ）

10. 移动平均法对原动态数列有修匀作用，修匀的项数越少，效果越好。（ ）

四、填空题

1. 时间数列有两个构成要素，一个是资料所属的时间，另一个是各时间上的________。

2. 时间数列按指标的性质不同，分为绝对数时间数列、相对数时间数列和________。

3. 某企业某周从周一至周五正点上班的人数分别为102、105、105、106、103，则该企业在这周正点上班的平均人数为________。

4. 某企业职工人数2015年11月份增减变动如下：1日职工总数为500人，15日职工5人离职，22日新来企业报到工人10人，则该企业2015年11月的平均职工人数为________。

5. 某企业2015年第二季度商品库存量的资料见下表，则该企业第二季度月平均库存量为________。

月　末	3月	4月	5月	6月
库存量（百件）	100	86	104	114

6. 某农场2015年生猪存栏数如下表所示，则该农场2015年生猪平均存栏数为________。

日　期	1月1日	3月1日	8月1日	10月1日	12月31日
生猪存栏数（头）	1420	1400	1200	1250	1460

7. 某企业连续5年的钢产量分别为200千吨、240千吨、360千吨、540千吨和756千吨，则该企业钢产量的平均增长量为________。

8. 某企业2011—2015年产值的年增长量分别为20万元、21万元、18万元、15万元和12万元，则该企业5年产值的累计增长量为________。

9. 各期环比增长速度分别为$r_1, r_2, \cdots, r_n$，则最后一期的定基增长速度为________。

10. 某企业2014年和2015年的利润额分别为500万元和600万元，则2015年相比于2014年，该企业利润额增长1%的绝对值为________。

11. 某企业规定“十三五”期末，产值相比于2015年要翻一番，而要实现这一目标，该企业“十三五”期间的平均增长速度至少为________。

12. 时间数列的影响因素按其性质和作用，可以分为长期趋势、________、循环变动和剩余变动。

13. 某时间数列有30年的数据，采用5项移动平均法修匀，修匀后的新时间数列的项数为________。

14. 应用同期平均法，测定的四个季度的季节指数之和为________。

15. 对某企业各年的销售额（单位：万元）拟合的直线趋势方程为$\hat{y}=6+15.5t$（y为销售额，t的取值分别为1，2，…），该企业的销售额平均每年增加________。

五、简答题

1. 试叙述次数分布数列与时间数列的区别。

2. 序时平均数与一般平均数有何异同？

六、计算题

1. 某企业7—9月份生产计划完成情况的资料如下表所示，试计算该企业第三季度的平均计划完成程度。

月　份	7月	8月	9月
计划产量(件)	500	600	800
产量计划完成程度(%)	100	103	109

2. 某企业第三季度生产工人在全体职工中所占的比重如下表所示，求该企业第三季度生产工人人数占全体职工人数的平均比重。

日　期	6月30日	7月31日	8月31日	9月30日
生产工人人数(人)	435	452	462	576
全体职工人数(人)	580	580	600	720

3. 某企业2010年第一季度职工人数及产值资料如下：

	单　位	一月	二月	三月	四月
产值	万　元	180	160	200	190
月初人数	人	600	580	620	600

试计算：(1)第一季度的月平均劳动生产率；

(2)第一季度的劳动生产率。

4. 某地区2009—2014各年年末人口数如下表：

年份	2009	2010	2011	2012	2013	2014
年末人口数(万人)	277	281	284	287	290	294

(1)计算该地区人口数的年平均增长量；

(2)按水平法计算该地区人口数的年平均增长速度；

(3)用直线趋势方程预测该地区2015年年末人口数。

5. 将下表填写完整，并按水平法计算2007—2010年的平均发展速度和平均增长速度。

年份	产值(万元)	与上年比较			
		增长量(万元)	发展速度(%)	增长速度(%)	增长1%的绝对值(万元)
2006	100	——	——	——	——
2007		10			
2008			110		
2009				6	
2010		5			

6. 某运动鞋厂为了合理组织货源，需了解该厂运动鞋销售量的变化情况。根据该厂以往的数据资料，得出了如下两幅统计图：

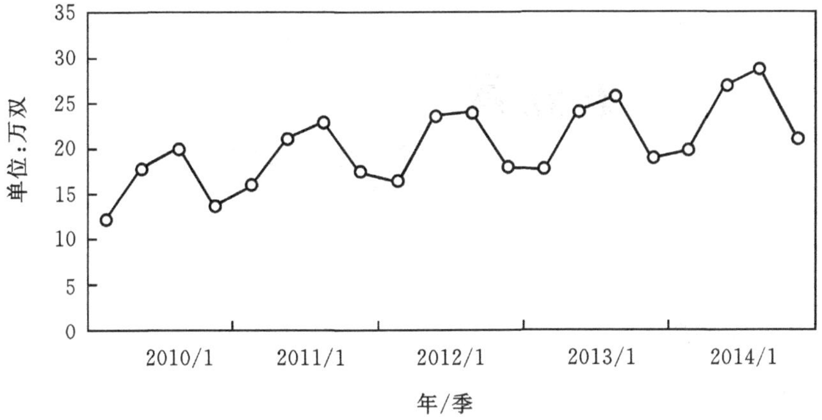

某运动鞋厂各季度销售量走势图

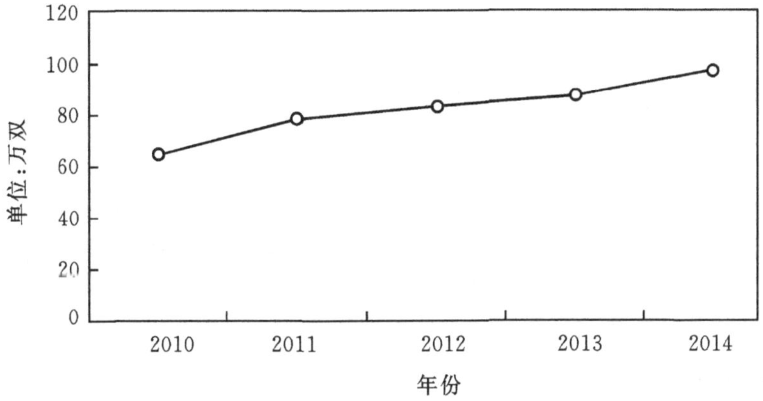

某运动鞋厂年度销售量散点图

(1)根据以上资料,说明该运动鞋厂销售量的时间序列具有哪些的特点。

(2)写出一份对该鞋厂 2015 年四个季度的运动鞋销售量进行预测的方案。

(3)若根据 2010—2014 年各季度销售量的数据计算得到各季度的季节指数依次为 84.85%,112.39%,118.21%和 84.54%,且 2010 年第一季度至 2014 年第四季度的时序 t 分别为 1, 2, …, 20 时,剔除季节变动后的数据 T 的趋势方程为:

$$\hat{T} = 15.51 + 0.48t$$

试预测该鞋厂 2015 年第一季度和第三季度的运动鞋销售量。

第五章 统计指数

学习目的和要求

通过本章的学习，要了解和掌握统计指数的概念、作用和种类；着重掌握编制综合指数的一般原则和方法；掌握综合指数与平均指数的变形关系及各种平均数指数的应用；能熟练运用指数体系对总量指标和平均指标的变动进行因素分析。

内容提要

一、统计指数的基本概念和类别

(一)统计指数的基本概念

广义的统计指数：指一切说明社会经济现象总体数量变动的相对数。

狭义的统计指数：用来说明不能直接相加的复杂社会经济现象综合变动程度的一种特殊的相对数，

狭义的统计指数的性质：相对性、综合性和平均性。

(二)统计指数的作用

(1)综合反映复杂现象总体的数量变动方向和程度；

(2)对现象的变动进行因素分析，研究各因素对现象总体的影响；

(3)分析复杂经济现象总体的长期趋势变化；

(4)对多指标复杂社会经济现象进行综合测评。

(三)统计指数的分类

1. 按分析对象的范围划分

个体指数：考察总体中个别现象或个别项目数量变动的相对数。

总指数：综合反映复杂现象总体数量变动的相对数。

注意：狭义的统计指数专指总指数，不包括个体指数。

2. 按指数化指标的性质划分

数量指标指数：指数化指标具有数量指标的特征(也即表现为总量或绝对数的形式)的指数。

质量指标指数：指数化指标具有质量指标的特征(也即表现为相对数或平均数的形式)的指数。

注意：总值指数表现为一个价值总额的变动，即包括数量因子的变量，也包括质量因子的变动。因此,既不属于数量指标指数,也不属于质量指标指数。但分别从分析对象的范围和计算方法上来看,总值指数既可以看做是总指数,也可以看做是个体指数。

3. 按编制指数的方法划分

综合指数:通过确定同度量因素,把不能直接加总的因素转化为可以同度量的总量指标以后加以对比而形成的指数。

平均指数:是从个体指数出发,通过对个体指数加权平均计算而形成的指数,它包括加权算术平均数指数和加权调和平均数指数。

4. 按所反映的时间状况不同划分

动态指数:是同类现象在两个不同时间上对比的结果,用于反映现象随时间变化而变动的方向和程度。

静态指数:主要包括空间指数和计划完成情况指数两种。

空间指数:指不同空间的同类现象水平在同一时间对比的结果,反映现象在不同区域的差异程度。

计划完成情况指数:是将某种现象的实际水平与计划水平对比的结果,反映计划的完成程度。

二、综合指数

(一)综合指数的编制原理

综合指数的编制原理可以概括为“先综合,后对比”,这其中起着关键作用的是同度量因素的引入。所谓同度量因素,即是引入的一个媒介因素,它将不可直接综合汇总的数量转化成可以同度量的数值。

(二)拉斯贝尔指数和派许指数

1. 拉斯贝尔指数

拉斯贝尔数量指标指数:

$$\overline{K}_q = \frac{\sum q_1 p_0}{\sum q_0 p_0} \tag{5.1}$$

拉斯贝尔质量指标指数:

$$\overline{K}_p = \frac{\sum p_1 q_0}{\sum p_0 q_0} \tag{5.2}$$

2. 派许指数

派许数量指标指数:

$$\overline{K}_q = \frac{\sum q_1 p_1}{\sum q_0 p_1} \tag{5.3}$$

派许质量指标指数:

$$\overline{K}_p = \frac{\sum p_1 q_1}{\sum p_0 q_1} \tag{5.4}$$

3. 拉氏指数和派氏指数的优缺点

拉斯贝尔指数不受同度量因素变动的影响,但容易脱离实际;派许指数虽能避免脱离实际,但其结果含有同度量因素的变动。

实际应用中,数量指标指数一般采用拉斯贝尔指数公式,而质量指标指数一般采用派许指数公式。

(三)其他形式的综合指数

1. 马歇尔——艾奇沃斯指数

2. 费希尔理想指数

3. 固定权数的综合指数

三、平均指数

(一)平均指数的编制原理

编制平均指数的基本方式是"先对比,后平均",即首先通过对比计算个别现象的个体指数,然后将个体指数加权平均得到总指数。

(二)平均指数的编制

1. 综合指数变形的平均指数

(1)加权算术平均数指数。

拉斯贝尔综合指数适合变形为加权算术平均数指数,即有:

$$\overline{K}_q = \frac{\sum q_1 p_0}{\sum q_0 p_0} \xlongequal{k_q = q_1/q_0} \frac{\sum k_q q_0 p_0}{\sum q_0 p_0} \tag{5.5}$$

$$\overline{K}_p = \frac{\sum p_1 q_0}{\sum p_0 q_0} \xlongequal{k_p = p_1/p_0} \frac{\sum k_p p_0 q_0}{\sum p_0 q_0} \tag{5.6}$$

(2)加权调和平均数指数。

派许综合指数适合变形为加权调和平均数指数,即有:

$$\overline{K}_p = \frac{\sum p_1 q_1}{\sum p_0 q_1} \xlongequal{k_p = p_1/p_0} \frac{\sum p_1 q_1}{\sum \frac{1}{k_p} p_1 q_1} \tag{5.7}$$

$$\overline{K}_q = \frac{\sum q_1 p_1}{\sum q_0 p_1} \xlongequal{k_q = q_1/q_0} \frac{\sum q_1 p_1}{\sum \frac{1}{k_q} q_1 p_1} \tag{5.8}$$

2. 固定权数的平均指数

$$\overline{K}_q = \sum \frac{q_1}{q_0} w = \sum k_q w \tag{5.9}$$

$$\overline{K}_p = \sum \frac{p_1}{p_0} w = \sum k_p w \tag{5.10}$$

其中固定权数 w 是相对形式的权数，即为某个固定时期的价值比重，满足 $\sum w = 1$（或 100%）。

(三)平均指数与综合指数的比较

1. **联系**

两者计算的都是总指数，且平均指数可以看做是综合指数的变形。

2. **区别**

(1)两者基本思路不相同；

(2)两者运用资料的条件不同；

(3)两者在经济分析中的具体作用不同。

四、指数体系与因素分析

(一)指数体系的概念

一般来说，三个或三个以上在性质上相互联系、在数量上存在一定关系的指数便构成指数体系，利用指数体系可以分析社会经济现象的各种因素变动，以及它们对总体发生作用的影响程度。

(二)因素分析

1. **总量指标变动的因素分析**

(1)两因素分析。

相对数分析：

$$\frac{\sum q_1 p_1}{\sum q_0 p_0} = \frac{\sum q_1 p_0}{\sum q_0 p_0} \times \frac{\sum q_1 p_1}{\sum q_1 p_0} \quad (5.11)$$

绝对数分析：

$$\sum q_1 p_1 - \sum q_0 p_0 = \left(\sum q_1 p_0 - \sum q_0 p_0\right) + \left(\sum q_1 p_1 - \sum q_1 p_0\right) \quad (5.12)$$

(2)多因素分析。

多因素分析与两因素分析类似，只是复杂程度增加，需要注意排序原则和逐项变动原则。

排序原则：①数量指标在前，质量指标在后；②若有几个指标同属数量指标或质量指标，把数量指标特征更明显的放在前面；③相邻两指标相乘有实际意义。

逐项变动原则：未变的固定在基期，已变的固定在报告期。

例如，用 q 表示产量，m 表示原材料单耗，p 表示原材料单价，则可按下列程序对原材料消耗额的变动进行因素分析：

$$\sum q_0 m_0 p_0 \rightarrow \sum q_1 m_0 p_0 \rightarrow \sum q_1 m_1 p_0 \rightarrow \sum q_1 m_1 p_1$$

则有相对数分析：

$$\frac{\sum q_1 m_1 p_1}{\sum q_0 m_0 p_0} = \frac{\sum q_1 m_0 p_0}{\sum q_0 m_0 p_0} \times \frac{\sum q_1 m_1 p_0}{\sum q_1 m_0 p_0} \times \frac{\sum q_1 m_1 p_1}{\sum q_1 m_1 p_0} \quad (5.13)$$

2. **平均指标变动的因素分析**

$$可变构成指数(\overline{K}_{可变}) = 固定构成指数(\overline{K}_{固定}) \times 结构影响指数(\overline{K}_{结构}) \quad (5.14)$$

$$\overline{K}_{可变}=\frac{\overline{x_1}}{\overline{x_0}}=\frac{\sum x_1 f_1}{\sum f_1}\bigg/\frac{\sum x_0 f_0}{\sum f_0}=\frac{\sum x_1\frac{f_1}{\sum f_1}}{\sum x_0\frac{f_0}{\sum f_0}} \tag{5.15}$$

$$\overline{K}_{固定}=\frac{\sum x_1 f_1}{\sum f_1}\bigg/\frac{\sum x_0 f_1}{\sum f_1}=\frac{\sum x_1\frac{f_1}{\sum f_1}}{\sum x_0\frac{f_1}{\sum f_1}} \tag{5.16}$$

$$\overline{K}_{结构}=\frac{\sum x_0 f_1}{\sum f_1}\bigg/\frac{\sum x_0 f_0}{\sum f_0}=\frac{\sum x_0\frac{f_1}{\sum f_1}}{\sum x_0\frac{f_0}{\sum f_0}} \tag{5.17}$$

(三)指数推算

根据已知因素的变动推算未知因素的变动，即指数推算。例如根据：

商品销售额指数 = 商品销售量指数 × 销售价格指数

可以得到：

商品销售量指数=商品销售额指数/销售价格指数

五、几种常见的经济指数

1. 居民消费价格指数（CPI）

2. 生产者价格指数（PPI）

3. 工业生产指数

4. 股票价格指数

学习重点与难点

学习本章，要重点掌握综合指数和平均指数的编制原理，理解综合指数和平均指数的关系及两者使用场合。要学会应用指数体系进行因素分析和指数推算的分析方法。

教材“思考与练习”参考答案

一、单项选择题

1. A；2. B；3. B；4. B；5. A；6. A；7. D；8. D；9. B；10. D；11. D；12. C；13. B；14. C；15. D

二、思考题

1. **答：**广义的指数指的一切能够反映总体数量变化的相对数，但通常所所的指数为狭义的指数，它专指综合反映不能直接相加的复杂现象总体数量变化的相对数。其主要作用为：

(1)综合反映复杂现象总体的数量变动方向和程度；

(2)对现象的变动进行因素分析，研究各因素对现象总体的影响；

(3)分析复杂经济现象总体的长期趋势变化；

(4)对多指标复杂社会经济现象进行综合测评。

2. **答**:综合指数的编制原理可以概括为"先综合,后对比",即:

(1)先通过寻找同度量因素,将不同使用价值或不同内容的数值转化为同度量的数值,以便综合;

(2)将同度量因素固定在同一时期,保证综合加总后对比的结果只反映指数化因素的变动,而不受同度量因素变动的影响。

3. **答**:二者既有区别,也有联系。

二者的区别是:

(1)解决复杂总体不能直接相加问题的思想不同:综合指数是先综合,后对比,而平均指数是先对比后综合;

(2)运用资料的条件不同:综合指数需具备研究总体的全面资料,而平均指数适用全面和非全面的资料;

(3)进行经济分析的具体作用不同:综合指数可同时进行相对分析和绝对分析,而平均数指数除非作为综合指数的变形,否则一般只能进行相对分析。

二者的联系为:

(1)二者同是总指数的编制形式;

(2)平均指数是综合指数的变形形式。

4. **答**:指数体系是指三个或三个以上在性质上相互联系、在数量上存在一定关系的指数构成的系统。它的主要作用有两个:一是因素分析,即借助于指数体系可以研究现象总体变动中各因素的影响程度和影响方向;二是进行指数之间的相互推算,即利用指数体系之间的数量关系来根据已知的指数推算未知的指数。

5. **答**:可变构成指数是反映平均指标的变动程度的指数,其计算公式为:

$$\overline{K}_{\text{可变}}=\frac{\overline{x_1}}{\overline{x_0}}=\frac{\sum x_1 f_1}{\sum f_1}\Big/\frac{\sum x_0 f_0}{\sum f_0}=\frac{\sum x_1 \dfrac{f_1}{\sum f_1}}{\sum x_0 \dfrac{f_0}{\sum f_0}}$$

固定构成指数是说明各组变量水平的变动程度及其对平均指标变动的影响程度的指数,其计算公式为:

$$\overline{K}_{\text{固定}}=\frac{\sum x_1 f_1}{\sum f_1}\Big/\frac{\sum x_0 f_1}{\sum f_1}=\frac{\sum x_1 \dfrac{f_1}{\sum f_1}}{\sum x_0 \dfrac{f_1}{\sum f_1}}$$

结构影响指数是用来反映总体结构的变动程度及其对平均指标变动的影响程度的指数,其计算公式为:

$$\overline{K}_{\text{结构}}=\frac{\sum x_0 f_1}{\sum f_1}\Big/\frac{\sum x_0 f_0}{\sum f_0}=\frac{\sum x_0 \dfrac{f_1}{\sum f_1}}{\sum x_0 \dfrac{f_0}{\sum f_0}}$$

这三种指数构成一个完整的指数体系,具有以下数量关系:

可变构成指数($\overline{K}_{可变}$)= 固定构成指数($\overline{K}_{固定}$)× 结构影响指数($\overline{K}_{结构}$)

通过这个数量关系,可以对平均指标的变动进行因素分析(包括相对数分析和绝对数分析),用以说明平均指标的总变动中,多少是由于变量水平的变动导致的,而又有多少是由于结构的变动引起的。

三、计算题

1.**解** (1)四种商品的物价总指数为:

$$\overline{K}_p = \frac{\sum p_1 q_1}{\sum p_0 q_1} = \frac{4\times 5.2 + 24.4\times 5.52 + 7.68\times 1.15 + 15.2\times 1.3}{3\times 5.2 + 22\times 5.52 + 7.2\times 1.15 + 13.6\times 1.3} = \frac{184.08}{163} = 112.93\%$$

四种商品的销售量总指数为:

$$\overline{K}_q = \frac{\sum q_1 p_0}{\sum q_0 p_0} = \frac{5.2\times 3 + 5.52\times 22 + 1.15\times 7.2 + 1.3\times 13.6}{5\times 3 + 4.46\times 22 + 1.2\times 7.2 + 1.15\times 13.6} = \frac{163}{137.4} = 118.63\%$$

(2)由于四种商品价格的变动使该市居民增加支出的金额为:

$$\sum p_1 q_1 - \sum p_0 q_1 = 184.08 - 163 = 21.08\ (万元)$$

2.**解** (1)依材料可知S市社会商品零售总额指数 $\overline{K}_{qp} = 117.9\%$,零售总量指数 $\overline{K}_q = 107.4\%$,故该市消费品零售价格指数为:

$$\overline{K}_p = \frac{\overline{K}_{qp}}{\overline{K}_q} = \frac{117.9\%}{107.4\%} = 109.78\%$$

即2013年S市消费品零售价格比2012年上涨了9.78%。

(2)由 $\overline{K}_p = \dfrac{\sum p_1 q_1}{\sum p_0 q_1}$ 得:

$$\sum p_0 q_1 = \frac{\sum p_1 q_1}{\overline{K}_p} = \frac{4537.14}{109.78\%} = 4132.94$$

则由于零售价格上涨使S市居民消费支出增加:

$$\sum p_1 q_1 - \sum p_0 q_1 = 4537.14 - 4132.94 = 404.2\ (亿元)$$

3.**解** (1)用2013年的数据除以2012年相应的数据,得出甲、乙、丙三种商品价格的个体指数分别为151.11%、114.29%、115%,销售量的个体指数分别为110%、125%、75%。

(2)三种商品销售额指数为:

$$\overline{K}_{qp} = \frac{\sum q_1 p_1}{\sum q_0 p_0} = \frac{5500\times 68 + 1000\times 160 + 600\times 230}{5000\times 45 + 800\times 140 + 800\times 200} = \frac{672000}{497000} = 135.21\%$$

销售额的增加额为:

$$\sum q_1 p_1 - \sum q_0 p_0 = 672000 - 497000 = 175000\ (元)$$

(3)三种商品的价格总指数为:

$$\overline{K}_p = \frac{\sum p_1 q_1}{\sum p_0 q_1} = \frac{68\times 5500 + 160\times 1000 + 230\times 600}{45\times 5500 + 140\times 1000 + 200\times 600} = \frac{672000}{507500} = 132.24\%$$

由于物价上涨,使三种商品的销售额增加:

$$\sum p_1 q_1 - \sum p_0 q_1 = 672000 - 507500 = 164500\ (元)$$

(4)三种商品的销售量总指数为：

$$\overline{K}_{qp}=\frac{\sum q_1p_0}{\sum q_0p_0}=\frac{5500\times45+1000\times140+600\times200}{5000\times45+800\times140+800\times200}=\frac{507500}{497000}=102.11\%$$

由于销售量增加，使三种商品的销售额增加：

$$\sum q_1p_0-\sum q_0p_0=507500-497000=10500\text{（元）}$$

4.**解** 三种产品产量总指数为：

$$\overline{K}_q=\frac{\sum k_qq_0p_0}{\sum q_0p_0}=\frac{1.74\times400+1.1\times848+1.4\times700}{400+848+700}=\frac{2608.8}{1948}=133.92\%$$

由于

$$\sum k_qq_0p_0-\sum q_0p_0=2608.8-1948=660.8\text{（万元）}$$

故该企业近10年由于产量增加使企业所增加的产值为660.8万元。

5.**解** 根据题意建立指数体系为：

总成本指数＝产量指数×单位产品成本指数

(1)总成本指数：

$$\overline{K}_{qp}=\frac{\sum q_1p_1}{\sum q_0p_0}=\frac{2210\times8+3500\times12}{2000\times10+3000\times12}=\frac{59680}{56000}=106.57\%$$

总成本增加：59680－56000－3680(元)

(2)产量指数：

$$\overline{K}_q=\frac{\sum q_1p_0}{\sum q_0p_0}=\frac{2210\times10+3500\times12}{2000\times10+3000\times12}=\frac{64100}{56000}=114.46\%$$

产量增加使总成本增加：64100－56000＝8100(元)

(3)单位成本指数：

$$\overline{K}_p=\frac{\sum q_1p_1}{\sum q_1p_0}=\frac{2210\times8+3500\times12}{2210\times10+3500\times12}=\frac{59680}{64100}=93.10\%$$

单位成本降低使总成本变动：59680－64100＝－4420(元)

(4)综合说明：

106.57%＝114.46%×93.10%

3680元＝8100元－4420元

计算结果表明：该企业生产的两种产品的总成本报告期比基期增长6.57%，增加了3680元。这是由于两种产品的产量增长了14.46%，使总成本增加了8100元，以及两种产品单位成本下降了6.9%，使总成本减少了4420元所共同影响的结果。

6.**解** (1)单位生产费用指数：

$$\overline{K}_p=\frac{\sum p_1q_1}{\sum p_0q_1}=\frac{2850}{3000}=95\%$$

由于总生产费用指数 $\overline{K}_{pq}=114\%$，故产量指数：

$$\overline{K}_q = \frac{\overline{K}_{pq}}{\overline{K}_p} = \frac{114\%}{95\%} = 120\%$$

(2)由 $\overline{K}_{pq} = \frac{\sum p_1 q_1}{\sum p_0 q_0} = \frac{2850}{\sum p_0 q_0} = 114\%$ 得 $\sum p_0 q_0 = 2500$（万元），故：

$$\sum p_1 q_1 - \sum p_0 q_0 = 2850 - 2500 = 350 \text{（万元）}$$

而

$$\sum p_1 q_1 - \sum p_0 q_1 = 2850 - 3000 = -150 \text{（万元）}$$

$$\sum p_0 q_1 - \sum p_0 q_0 = \left(\sum p_1 q_1 - \sum p_0 q_0\right) - \left(\sum p_1 q_1 - \sum p_0 q_1\right) = 350 + 150 = 500 \text{（万元）}$$

经过上面的计算可知：该工业企业总费用报告期比基期增长了 14%，增加了 350 万元，这是由于该企业产量增长了 20%，导致总费用增加了 500 万元和单位产品生产费用下降 5%，导致总费用减少了 150 万元所共同作用的结果。

7. **解** (1)出厂价格指数为：

$$\overline{K}_q = \frac{\sum p_1 q_1}{\sum \frac{1}{k_p} p_1 q_1} = \frac{1680 + 2760 + 3780}{\frac{1680}{1.12} + \frac{2760}{1.15} + \frac{3780}{1.05}} = \frac{8220}{7500} = 109.6\%$$

由于

$$\sum p_1 q_1 - \sum \frac{1}{k_p} p_1 q_1 = 8220 - 7500 = 720 \text{（万元）}$$

故由于价格变化而增加的总产值为 720 万元。

(2)总产值指数为：

$$\overline{K}_{qp} = \frac{\sum q_1 p_1}{\sum q_0 p_0} = \frac{1680 + 2760 + 3780}{1450 + 2200 + 3500} = \frac{8220}{7150} = 114.97\%$$

产品产量指数为：

$$\overline{K}_{qp} = \frac{\overline{K}_{qp}}{\overline{K}_p} = \frac{114.97\%}{109.6\%} = 104.90\%$$

(3)总产值增加额为：

$$\sum q_1 p_1 - \sum q_0 p_0 = 8220 - 7150 = 1070 \text{（万元）}$$

产品产量增加导致的总产值增加额为：

$$\sum q_1 p_0 - \sum q_0 p_0 = 1070 - 720 = 350 \text{（万元）}$$

因此，三种产品的总产值报告期比基期增长了 14.97%，增加了 1070 万元，这是由于三种商品的价格（上涨了 9.6%，导致总产值增加 720 万元）和总产量增长（增长了 4.9%，导致总产值增加 350 万元）所共同作用的结果。

8. **解** 这四种商品的价格总指数为：

$$\overline{K}_p = \sum k_p w = 110\% \times 10\% + 95\% \times 30\% + 100\% \times 40\% + 105\% \times 20\% = 100.5\%$$

9. **解** (1) $\overline{K}_{\text{可变}} = \frac{\overline{x}_1}{\overline{x}_0} = \frac{\sum x_1 f_1}{\sum f_1} \Big/ \frac{\sum x_0 f_0}{\sum f_0}$

$$=\left(\frac{6800\times 50+5400\times 180+3700\times 135}{50+180+135}\right)\Big/\left(\frac{6000\times 45+5000\times 120+3000\times 40}{45+120+40}\right)$$

$$=\frac{4963.014}{4829.268}=102.77\%$$

该企业总平均工资增加：4963.014－4829.268＝133.746(元)。

(2) $\overline{K}_{固定}=\dfrac{\sum x_1 f_1}{\sum f_1}\Big/\dfrac{\sum x_0 f_1}{\sum f_1}$

$$=\left(\frac{6800\times 50+5400\times 180+3700\times 135}{50+180+135}\right)\Big/\left(\frac{6000\times 50+5000\times 180+3000\times 135}{50+180+135}\right)$$

$$=\frac{4963.014}{4397.26}=112.87\%$$

该企业工资水平上涨使总平均工资增加：4963.014－4397.26＝565.754(元)。

(3) $\overline{K}_{结构}=\dfrac{\sum x_0 f_1}{\sum f_1}\Big/\dfrac{\sum x_0 f_0}{\sum f_0}$

$$=\left(\frac{6000\times 50+5000\times 180+3000\times 135}{50+180+135}\right)\Big/\left(\frac{6000\times 45+5000\times 120+3000\times 40}{45+120+40}\right)$$

$$=\frac{4397.26}{4829.268}=91.05\%$$

该企业工人结构变动使总平均工资变动：4397.26－4829.268＝ －432.008(元)。

(4)综合说明：

$$102.77\%=112.87\%\times 91.06\%$$

$$133.746\text{ 元}=565.754\text{ 元}+(-432.008)\text{ 元}$$

计算结果表明：某企业总平均工资上涨 2.77%，增加了 133.746 元，这是由于该企业各级工资水平总的来说上涨了 12.87%导致总平均工资增加 565.754 元，以及该企业职工技术级别总的来说下降了 8.94%导致总平均工资减少 432.008 元所共同作用的结果。

10. **解** $A=18/15\times 100=120$，$B=21/19\times 100=110.53$，$C=A\times 55\%+B\times 45\%=115.74\%$

$D=125\times 60\%+C\times 40\%=121.3$，$E=102\times 90\%+98\times 10\%=101.6\%$

$F=E\times 25\%+D\times 28\%+108\times 12\%+96\times 13\%+125\times 18\%+90\times 4\%=110.90\%$

$G=F\times 35\%+108\times 5\%+85\times 15\%+98\times 6\%+96\times 10\%+88\times 12\%+138\times 14\%+116\times 3\%=105.81\%$

补充练习题

一、单项选择题

1. 反映现象总规模或总水平变动程度的指数是(　　)。

A. 质量指标指数　　B. 数量指标指数　　C. 平均指数　　D. 个体指数

2. 用综合指数计算总指数的主要问题是(　　)。

A. 选择同度量因素　　B. 同度量因素时期的确定

C. 同度量因素选择和时期的确定　　D. 个体指数和权数的选择

3. 设 q 代表销售量，p 代表销售价格，则 $\sum q_1 p_0 - \sum q_0 p_0$ 的经济意义是(　　)。

A. 综合反映销售额变动的绝对额

B. 反映价格变动而使消费者少付(多付)的金额

C. 反映价格变动的绝对额

D. 反映销售量变动引起的销售额变动的绝对额

4. 质量指标综合指数 $\frac{\sum q_1 p_1}{\sum q_1 p_0}$ 变形为加权调和平均数指数时的权数是(　　)。

A. $q_1 p_1$　　B. $q_0 p_0$　　C. $q_0 p_1$　　D. $q_1 p_0$

5. 某厂产品单位成本今年比去年增长 20%，产量增长 25%，则产品总成本增长(　　)。

A. 5%　　B. 80%　　C. 45%　　D. 50%

6. 当我们研究各技术级工人工资的变动影响全体工人平均工资的变动程度时，应计算(　　)。

A. 结构影响指数　　B. 加权算术平均数指数　　C. 固定构成指数　　D. 可变构成指数

7. 某市居民以相同的人民币在物价上涨后少购商品 20%，则物价指数为(　　)。

A. 25%　　B. 75%　　C. 115%　　D. 125%

8. 产量指数 $\frac{\sum k q_0 p_0}{\sum q_0 p_0}$ 中的 k 是(　　)。

A. 同度量因素　　B. 数量指标的项数　　C. 产量个体指数　　D. 价格个体指数

二、多项选择题

1. 按指数化指标性质的不同，可将综合指数分为(　　)。

A. 个体指数　　B. 总指数　　C. 平均指数

D. 数量指标指数　　E. 质量指标指数

2. 下列属于质量指标指数的有(　　)。

A. 企业产值指数　　B. 职工工资指数　　C. 商品零售价格指数

D. 劳动生产率指数　　E. 产品单位成本指数

3. 要反映某地区工业产品产量报告期比基期的增长状况，应采用(　　)。

A. 个体指数　　B. 总指数　　C. 动态指数

D. 静态指数　　E. 数量指标指数

4. 已知某工业企业报告期生产费用($\sum z_1 q_1$)为 2850 万元，比基期增长 14%，又知基期假定生产费用($\sum z_0 q_1$)为 3000 万元，则(　　)。

A. 成本降低 5%　　B. 产量增长 20%

C. 报告期费用比基期增加 350 万元　　D. 由于成本降低而节约的生产费用为 150 万元

E. 由于产量增加而多支出的生产费用为 500 万元

5. 在计算综合指数时，同度量因素时期的选择(　　)。

A. 应根据指数的经济内容来决定

B. 在计算数量指标指数时，应将同度量因素固定在基期

C. 在计算质量指标指数时，应将同度量因素固定在报告期

D. 在实际应用中，可将不变价格作为同度量因素

E. 应根据基期或报告期资料是否全面来决定

三、判断题

1. 统计指数的本质是对简单相对数的平均。 ( )

2. 狭义的指数是反映简单总体数量综合变动的相对数。 ( )

3. 在编制综合指数时，虽然将同度量因素加以固定，但是，同度量因素仍起权数作用。 ( )

4. 编制数量指标综合指数时只能用拉氏数量指数，不能用派氏数量指数。 ( )

5. 说明现象总的规模和水平变动情况的统计指数是质量指数。 ( )

6. 在由三个指数构成的指数体系中，两个因素指数的同度量因素指标是不同的。 ( )

7. 价格降低后，同样多的人民币可多购买商品 15%，则价格指数应为 85%。 ( )

8. 在指数体系中，总量指数等于各因素指数之和。 ( )

四、填空题

1. 统计指数按指数化指标的性质可分为数量指标指数和______。

2. 某市 2011 年社会商品零售额为 120 亿元，2015 年为 220.8 亿元，这 4 年中物价上涨 47.2%，则商品零售量指数为______。

3. 某地区物价上涨了 20%，则该地区 100 元相当于原来的______元。

4. 由于物价上涨，使得现在的 100 元只值原来的 90 元，则该地区物价指数为______。

5. 某地甲、乙、丙三种商品的销售量相比于基期分别上涨了 10%、5%和 8%，且基期三种商品的销售量所占百分比分别为 30%、20%和 50%，则这三种商品的销售量指数为______。

6. p 代表商品的价格，q 代表商品的销售量。已知某三种商品报告期与基期的销售额分别为 $\sum q_1 p_1 = 20$ 万元，$\sum q_0 p_0 = 16$ 万元。且假定的销售额 $\sum q_1 p_0 = 17$ 万元，则由于三种商品销售量增长，使得销售额增加了______。

五、简答题

1. 什么是同度量因素，它有什么作用？

2. 拉斯贝尔指数和派许指数各有什么特点？

六、计算题

1. 某企业三种产品报告期和基期销售资料如下表所示：

产品类别	计量单位	销售量		价格(元)	
		基期 q_0	报告期 q_1	基期 p_0	报告期 p_1
甲	件	450	500	770	700
乙	台	500	520	350	350
丙	套	900	1080	110	100

(1)计算三种产品的销售量指数和由于销售量变动对销售额绝对值的影响。

(2)计算三种产品的价格指数和由于价格变动对销售额绝对值的影响。

2.三种商品的销售额及价格指数资料如下表：

商品种类	计量单位	基期销售额(万元)	报告期销售额(万元)	个体物价指数(%)
写字台	张	126	138	115
椅　子	把	68	96	120
书　柜	个	87	110	110
合　计	/	279	344	/

根据上表资料从相对数和绝对数两方面分析计算三种商品销售额的变动及其原因，并说明销售额变动的主要原因是什么。

第六章 抽样分布与参数估计

学习目的和要求

通过本章的学习，要了解常用的样本统计量的抽样分布及相应的抽样平均误差的计算，理解点估计的基本概念和评价点估计好坏的基本准则，掌握区间估计的基本含义和方法，并能根据抽样推断的实际需要，确定合适的样本容量。

内容提要

一、概率基础

(一)随机事件与概率

1. 随机事件

事物发展的结果事先不能确定的现象，称为随机现象。相同条件下对某种随机现象进行观察的过程称为随机试验。

在随机试验中，可能出现也可能不出现的结果，称为随机事件，简称事件。结果不可以再分解的事件称为基本事件，也称为样本点。所有可能的样本点构成的全体，称为样本空间，记作 Ω 。

2. 概率

随机事件出现的可能性称为概率，概率是一个介于 0 至 1 之间的数字。

概率的频率定义：行 n 次重复试验，随机事件 A 发生的次数是 m 次，发生的频率是 m/n ，当试验的次数 n 很大时，如果频率在某一数值 p 附近摆动，面且随着试验次数 n 的不断增加，频率的摆动幅度越来越小，则称 p 为事件 A 发生的概率，记为：

$$P(A)=p \tag{6.1}$$

古典概型：

$$P(A)=\frac{m}{n}=\frac{A\text{ 包含的样本点个数}}{\text{样本点总数}} \tag{6.2}$$

几何概型：

$$P(A)=\frac{m(A)}{m(\Omega)} \tag{6.3}$$

其中 $m(\cdot)$ 代表事件的几何度量(长度、面积或体积)。

3. 几个重要的概率性质

(1) $P(A\cup B)=P(A)+P(B)-P(AB)$。

(2) $P(\overline{A}) = 1 - P(A)$。

(3) $P(A - B) = P(A) - P(AB)$。

4. **条件概率的计算公式**

$$P(A \mid B) = \frac{P(AB)}{P(B)} \tag{6.4}$$

5. **事件的独立性**

如果 $P(AB) = P(A)P(B)$，则称事件 A 与 B 相互独立，简称 A 与 B 独立。

(二)随机变量及其分布

取值带有随机性的变量称为随机变量。随机变量取不同数值发生的可能性，称为概率分布。离散型随机变量的分布可用表格来表示，连续型随机变量的分布要通过分布函数 $F(x) = P(X \leqslant x)$ 或密度函数 $p(x)$（$F(x)$ 的导数）来表示。

1. **密度函数的数学性质**

(1)非负性：$p(x) \geqslant 0$。

(2)规范性：$\int_{-\infty}^{+\infty} p(x)dx = 1$。

(3) $P(a < X \leqslant b) = \int_a^b p(x)dx$。

2. **离散型随机变量数学期望和方差**

离散型随机变量 X 的数学期望为：

$$E(X) = \sum_i x_i p(x_i) \tag{6.5}$$

离散型随机变量 X 的方差为：

$$\mathrm{Var}(X) = E[X - E(X)]^2 = \sum_i [x_i - E(X)]^2 p(x_i) \tag{6.6}$$

3. **连续型随机变量数学期望和方差**

连续型随机变量 X 的数学期望为：

$$E(X) = \int_{-\infty}^{+\infty} xp(x)dx \tag{6.7}$$

连续型随机变量 X 的方差为：

$$\mathrm{Var}(X) = E[X - E(X)]^2 = \int_{-\infty}^{+\infty} [x - E(X)]^2 p(x)dx \tag{6.8}$$

4. **数学期望和方差的数学性质**

(1)对任意的常数 a,c，有 $E(aX + c) = aE(X) + c$。

(2)对任意的常数 a 和 b，以及任意的随机变量 X_1 和 X_2，有 $E(aX_1 + bX_2) = aE(X_1) + bE(X_2)$

(3) $\mathrm{Var}(X) = E(X^2) - [E(X)]^2$。

(4)对任意常数 c，有 $\mathrm{Var}(c) = 0$。

(5)对任意常数 a 和 c，有 $\mathrm{Var}(aX + c) = a^2\mathrm{Var}(X)$。

(6)对相互独立的两随机变量 X_1 和 X_2，有 $\mathrm{Var}(X_1 + X_2) = \mathrm{Var}(X_1) + \mathrm{Var}(X_2)$。

5. **正态分布**

如果连续型随机变量 X 的密度函数为：

$$p(x) = \frac{1}{\sqrt{2\pi}\sigma} e^{-\frac{(x-\mu)^2}{2\sigma^2}} \quad (-\infty < x < +\infty) \tag{6.9}$$

则称随机变量 X 服从均值为 μ，方差为 σ^2 的正态分布，记为 $X \sim N(\mu, \sigma^2)$。

特别地，$N(0,1)$ 称为标准正态分布，其分布函数记作 $\Phi(\cdot)$，其值可通过查表或计算机来获取。

正态分布有如下常用性质：

(1)若 $X \sim N(\mu, \sigma^2)$，则对于任意常数 a 和 b，都有 $aX + b \sim N(a\mu + b, a^2\sigma^2)$。特别地：$\frac{X-\mu}{\sigma} \sim N(0,1)$。

(2) $X_1 \sim N(\mu_1, \sigma_1^2)$，$X_2 \sim N(\mu_2, \sigma_2^2)$，$X_1$ 和 X_2 独立，则 $X_1 + X_2 \sim N(\mu_1 + \mu_2, \sigma_1^2 + \sigma_2^2)$。

6. **其他常用的连续型分布**

(1) χ^2 分布。

(2)F 分布。

(3)t 分布。

(三)大数定律与中心极限定理

1. **大数定律**

独立同分布的随机变量 $X_1, X_2, \cdots, X_n, \cdots$，设它们服从的总体的平均数为 μ，方差为 σ^2。则对任意的正数 ε，有：

$$\lim_{n\to\infty} P\left\{ \left| \frac{1}{n}\sum_{i=1}^{n} X_i - \mu \right| < \varepsilon \right\} = 1 \tag{6.10}$$

说明:大数定律是人们用样本平均估计总体平均的理论依据。

2. **中心极限定理**

随机变量 $X_1, X_2, \ldots, X_n, \ldots$ 相互独立，且同服从同一分布，该分布存在有限的期望 μ 和方差 σ^2，则当 n 趋近于无穷大时，算术平均数 $\overline{X} = \frac{1}{n}\sum_{i=1}^{n} X_i$ 近似服从正态分布，即：

$$\overline{X} \stackrel{\cdot}{\sim} N(\mu, \sigma^2/n)$$

二、抽样分布

(一)几个基本概念

1. **样本容量和样本个数**

2. **总体参数和样本统计量**

3. **重复抽样和不重复抽样**

(二)抽样分布

1. 概念及意义

概念:抽样分布是指样本统计量的概率分布。

意义:抽样分布是统计推断的理论依据,具有重要作用。只有了解和掌握了统计量的分布,才可能进行参数估计和建设检验。

2. 样本均值和样本成数的抽样分布

(1)样本均值的抽样分布。

当总体服从正态分布时,样本均值服从正态分布。当总体不服从正态分布时,根据中心极限定理,当 n 充分大时(通常要求 $n \geqslant 30$),样本均值近似服从正态分布,即:

$$\bar{x} \dot{\sim} N(\mu, \sigma_{\bar{x}}^2)$$

(2)样本成数的抽样分布。

样本成数 p 也服从二项分布,但在样本容量充分大时,二项分布趋于正态分布。故在大样本下,样本成数近似服从正态分布,即:

$$p \dot{\sim} N(\rho, \sigma_p^2)$$

(3)样本方差的抽样分布。

对于来自正态总体的简单随机样本,其统计量 $\frac{(n-1)s^2}{\sigma^2}$ 的抽样分布服从自由度为 $n-1$ 的 χ^2 分布,即:

$$\chi^2 = \frac{(n-1)s^2}{\sigma^2} \sim \chi^2(n-1)$$

(4)样本均值、成数和方差的分布数值特征,如表 6-1 所示。

表 6-1 样本均值、成数、和方差的分布数值特征的计算公式

抽样方法	$\bar{x}$ 的分布数值特征	p 的分布数值特征	s^2 的分布数值特征
重复抽样	$E(\bar{x}) = \mu$, $\sigma_{\bar{x}} = \frac{\sigma}{\sqrt{n}}$	$E(p) = \rho$, $\sigma_p = \sqrt{\frac{\rho(1-\rho)}{n}}$	$E(s^2) = \sigma^2$
不重复抽样	$E(\bar{x}) = \mu$, $\sigma_{\bar{x}} = \frac{\sigma}{\sqrt{n}} \cdot \sqrt{\frac{N-n}{N-1}}$	$E(p) = \rho$, $\sigma_p = \sqrt{\frac{\rho(1-\rho)}{n} \cdot \frac{N-n}{N-1}}$	$E(s^2) = \frac{N}{N-1}\sigma^2 \approx \sigma^2$

说明:计算抽样平均误差的公式中涉及总体参数,但总体参数往往未知,则可用以下方法解决:

①用历史资料已有的总体参数来代替公式中涉及的总体参数;

②用样本资料对应的统计量(即相应的点估计)来代替公式中的总体参数;

③在正式进行抽样调查之前,可用试验性调查的数据资料代替总体情况。

三、参数估计

(一)参数估计的基本概念与要求

1. 基本概念

参数估计就是用样本统计量去估计总体的参数。

2. 要求

参数估计应满足以下两个要求：一是估计的精度要求，二是可靠性要求。所谓精度就是估计误差的最大范围，即误差的最大值，可通过极限误差来反映；所谓可靠性是指估计结果正确的概率大小。

3. 极限误差

极限误差是根据研究对象的变异程度和分析任务的性质来确定的允许误差范围。设抽样估计的极限误差是 Δ，则有：

$$|\theta-\hat{\theta}|\leqslant\Delta \tag{6.11}$$

Δ 越小，估计的精度要求越高，Δ 越大，估计的精度要求越低。

(二)点估计

1. 定义

点估计就是用估计量 $\hat{\theta}$ 的某个取值直接作为总体参数 θ 的估计值。

2. 点估计的评价标准

(1)无偏性：$E(\hat{\theta})=\theta$。

(2)有效性：若有 θ 的两个无偏估计 $\hat{\theta}_1$ 和 $\hat{\theta}_2$，如果：

$$\mathrm{Var}(\hat{\theta}_1)<\mathrm{Var}(\hat{\theta}_2) \tag{6.12}$$

就称 $\hat{\theta}_1$ 是比 $\hat{\theta}_2$ 更有效的一个估计量。

(3)一致性：$\lim\limits_{n\to\infty}P(|\theta-\hat{\theta}|<\varepsilon)=1$，其中 ε 为一任意小的正数。

(三)区间估计

1. 基本概念

所谓区间估计，就是估计总体参数的区间范围，并要求给出区间估计成立的概率值。设 $\hat{\theta}_1$ 和 $\hat{\theta}_2$ 都是两个样本统计量（$\hat{\theta}_1<\hat{\theta}_2$），分别作为总体参数 θ 区间估计的下限与上限，则要求：

$$P(\hat{\theta}_1\leqslant\theta\leqslant\hat{\theta}_2)=1-\alpha \tag{6.13}$$

式中 α（$0<\alpha<1$）是区间估计的显著性水平，其取值大小由实际问题确定，经常取 1%、5% 和 10%；$1-\alpha$ 称为置信度或置信水平。区间 $[\hat{\theta}_1,\hat{\theta}_2]$ 称为总体参数 θ 的 $1-\alpha$ 置信区间，$\hat{\theta}_1$ 称为置信下限，$\hat{\theta}_2$ 称为置信上限。

2. 区间估计的特点

总体参数恰好在置信区间的概率不要求达到 1，可放低要求，减去一个小概率的显著性水平，达到 $1-\alpha$ 即可。

原因：较宽的区间虽有更大的可能性包含参数，但过宽的区间往往没有实际意义；另一方面，要求过于准确（过窄）的区间同样不一定有意义。因此，区间估计总是要给结论留点余地。

3. 对置信区间的理解

(1)置信区间是一个随机区间，会因样本的不同而变化；

(2)用具体样本构造的区间是一特定区间，总体参数要么在这个区间，要么不在；

(3)对置信水平 $1-\alpha$ 的理解：对总体参数进行重复不断地估计，得到的所有区间中包含总体参数的区间的比例为 $1-\alpha$。

(四)单个总体参数的区间估计

1. **总体均值的区间估计**

单个总体均值的置信区间的计算公式如表 6-2 所示。

表 6-2　单个总体均值的置信区间的计算公式

总体的情况		抽样方法	$1-\alpha$ 置信区间
正态总体	σ^2 已知	重复抽样	$\bar{x}\pm z_{\alpha/2}\frac{\sigma}{\sqrt{n}}$
		不重复抽样	$\bar{x}\pm z_{\alpha/2}\frac{\sigma}{\sqrt{n}}\cdot\sqrt{\frac{N-n}{N-1}}$
	σ^2 未知	重复抽样	$\bar{x}\pm t_{\alpha/2}(n-1)\frac{s}{\sqrt{n}}$
		不重复抽样	$\bar{x}\pm t_{\alpha/2}(n-1)\frac{s}{\sqrt{n}}\cdot\sqrt{\frac{N-n}{N-1}}$
非正态总体（大样本）	σ^2 已知	重复抽样	$\bar{x}\pm z_{\alpha/2}\frac{\sigma}{\sqrt{n}}$
		不重复抽样	$\bar{x}\pm z_{\alpha/2}\frac{\sigma}{\sqrt{n}}\cdot\sqrt{\frac{N-n}{N-1}}$
	σ^2 未知	重复抽样	$\bar{x}\pm z_{\alpha/2}\frac{s}{\sqrt{n}}$
		不重复抽样	$\bar{x}\pm z_{\alpha/2}\frac{s}{\sqrt{n}}\cdot\sqrt{\frac{N-n}{N-1}}$

说明 1:对于正态总体,方差 σ^2 未知,若是大样本的情形,概率度 $t_{\alpha/2}(n-1)$ 可用 $z_{\alpha/2}$ 代替。

说明 2:可以看到,对于这种对称的置信区间,区间的中心就是总体参数的点估计,置信区间的半径就是极限误差 Δ,因此这种置信区间的结构一定是:

点估计 ± 极限误差,极限误差 = 概率度 × 抽样平均误差

2. **总体成数的区间估计（大样本的情形下）**

重复抽样时:

$$p\pm z_{\alpha/2}\sqrt{\frac{p(1-p)}{n}} \tag{6.14}$$

不重复抽样时:

$$p\pm z_{\alpha/2}\sqrt{\frac{p(1-p)}{n}}\cdot\sqrt{\frac{N-n}{N-1}} \tag{6.15}$$

3. **总体方差的区间估计**

正态总体下,总体方差 σ^2 的 $1-\alpha$ 置信区间为:

$$\frac{(n-1)s^2}{\chi^2_{\alpha/2}(n-1)} \leqslant \sigma^2 \leqslant \frac{(n-1)s^2}{\chi^2_{1-\alpha/2}(n-1)} \tag{6.16}$$

(五)两个总体参数的区间估计

1. 两总体均值差的区间估计

两个总体均值差的置信区间的计算公式如表 6 - 3 所示。

表 6 - 3　两个总体均值差的置信区间的计算公式

情形		$\mu_1-\mu_2$ 的 $1-\alpha$ 置信区间
独立大样本	σ_1^2 和 σ_2^2 已知	$(\overline{x_1}-\overline{x_2}) \pm z_{\alpha/2}\sqrt{\frac{\sigma_1^2}{n_1}+\frac{\sigma_2^2}{n_2}}$
	σ_1^2 和 σ_2^2 未知	$(\overline{x_1}-\overline{x_2}) \pm z_{\alpha/2}\sqrt{\frac{s_1^2}{n_1}+\frac{s_2^2}{n_2}}$
独立小样本（正态总体）	σ_1^2 和 σ_2^2 已知	$(\overline{x_1}-\overline{x_2}) \pm z_{\alpha/2}\sqrt{\frac{\sigma_1^2}{n_1}+\frac{\sigma_2^2}{n_2}}$
	$\sigma_1^2=\sigma_2^2=\sigma^2$ 未知	$(\overline{x_1}-\overline{x_2}) \pm t_{\alpha/2}(n_1+n_2-2)\sqrt{\frac{1}{n_1}+\frac{1}{n_2}}s_w$， $s_w^2=\frac{(n_1-1)s_1^2+(n_2-1)s_2^2}{n_1+n_2-2}$
	σ_1^2 和 σ_2^2 未知且不相等	$(\overline{x_1}-\overline{x_2}) \pm t_{\alpha/2}(v)\sqrt{\frac{s_1^2}{n_1}+\frac{s_2^2}{n_2}}$， $v=(\frac{s_1^2}{n_1}+\frac{s_2^2}{n_2})^2 \Big/ \left[\frac{s_1^4}{n_1^2(n_1-1)}+\frac{s_2^4}{n_2^2(n_2-1)}\right]$
配对样本	σ_d 已知	$\overline{d} \pm z_{\alpha/2}\frac{\sigma_d}{\sqrt{n}}$
	σ_d 未知	$\overline{d} \pm t_{\alpha/2}(n-1)\frac{s_d}{\sqrt{n}}$

说明：以上表格中的公式都是在重复抽样的情形下的区间估计公式，对于两总体参数在不重复抽样下的区间估计，这里不涉及。

2. 两总体成数差的区间估计

两个总体成数之差 $\rho_1-\rho_2$ 的 $1-\alpha$ 置信区间为：

$$(p_1-p_2) \pm z_{\alpha/2}\sqrt{\frac{p_1(1-p_1)}{n_1}+\frac{p_2(1-p_2)}{n_2}} \tag{6.17}$$

3. 两总体方差比的区间估计

两个总体方差比 $\frac{\sigma_1^2}{\sigma_2^2}$ 的的 $1-\alpha$ 置信区间为：

$$\frac{s_1^2/s_2^2}{F_{\alpha/2}(n_1-1,\ n_2-1))} \leqslant \frac{\sigma_1^2}{\sigma_2^2} \leqslant \frac{s_1^2/s_2^2}{F_{1-\alpha/2}(n_1-1,\ n_2-1)} \tag{6.18}$$

四、样本容量的确定

(一)估计总体均值时样本容量的确定

1. 估计一个总体均值时样本容量的确定

重复抽样时：

$$n = z_{\alpha/2}^2 \frac{\sigma^2}{\Delta^2} \tag{6.19}$$

不重复抽样时：

$$n = \frac{N z_{\alpha/2}^2 \sigma^2}{N\Delta^2 + z_{\alpha/2}^2 \sigma^2} \tag{6.20}$$

2. 估计两总体均值差时样本容量的确定

$$n_1 = n_2 = z_{\alpha/2}^2 \frac{\sigma_1^2 + \sigma_2^2}{\Delta^2} \tag{6.21}$$

(二)估计总体成数时样本容量的确定

1. 估计一个总体成数时样本容量的确定

重复抽样时

$$n = z_{\alpha/2}^2 \frac{\rho(1-\rho)}{\Delta^2} \tag{6.22}$$

不重复抽样时

$$n = \frac{N z_{\alpha/2}^2 \rho(1-\rho)}{N\Delta^2 + z_{\alpha/2}^2 \rho(1-\rho)} \tag{6.23}$$

2. 估计两总体成数差时样本容量的确定

$$n_1 = n_2 = z_{\alpha/2}^2 \frac{\rho_1(1-\rho_1) + \rho_2(1-\rho_2)}{\Delta^2} \tag{6.24}$$

(三)应注意的问题

(1)计算样本容量，总体的方差与成数都是未知时，可用有关资料替代：一是用历史资料已有的方差与成数代替；二是在进行正式抽样调查前进行几次试验性调查，用试验中方差的最大值代替总体方差；三是成数方差在完全缺乏资料的情况下，就用成数方差的最大值 0.25 代替。

(2)如果进行一次抽样调查，同时需要估计总体均值与成数，用上面的公式同时计算出两个样本容量，可取一个最大的结果，同时满足两方面的需要。

(3)计算结果如果带小数，这时样本容量不按四舍五入法则取整数，取比这个数大的最小整数代替。

学习重点与难点

学习本章，要重点理解参数估计的基本原理，尤其是区间估计的基本含义。要加强练习，熟练掌握一个总体参数和两个参数的区间估计方法，掌握参数估计中样本容量的计算方法。

教材“思考与练习”参考答案

一、单项选择题

1. C;2. C;3. A;4. B;5. D;6. D;7. D;8. C;9. A;10. C;11. B;12. A

二、思考题

1. **答:**重复抽样是指从总体中抽出一个样本单位,记录其标志值后,又将其放回总体中继续参加下一轮样本单位的抽取的一种抽样方法。

不重复抽样是从总体中抽取一个样本单位,登记后不放回原总体,不参加下一轮抽样的抽样方法。

从计算上看,不重复抽样的误差是在重复抽样的方差的基础上,乘以一个小于 1 的调整系数 $\sqrt{\frac{N-n}{N-1}}$(N 为总体单位总数,n 为样本容量),因此相同条件下不重复抽样的误差总是小于重复抽样的误差。

从现实角度看,不重复抽样能保证抽到的样本单位不重复,而重复抽样则无法保证这一点,因此重复抽样利用样本的信息小于不重复抽样,效率相对较低,因此相同条件下不重复抽样的误差总是小于重复抽样的误差。

2. **答:**评价参数估计量好坏常用以下三条标准:

(1)无偏性,即估计量的数学期望要与被估计的参数的真实值相等;

(2)有效性,即所选择的估计量要是所有无偏估计量中方差最小的估计量;

(3)一致性,即随着样本容量的增大,估计量与被估计的参数的真实值之间的误差可以任意小的概率趋近于 1。

3. **答:**置信区间是在区间估计中,由样本统计量所构造的总体参数的估计区间,它是一个随机区间,会因为样本的不同而变化,但根据某一具体样本构造的置信区间则是一个特定的区间。由于总体参数的真实值是固定的,因此它要么在根据具体样本构造的特定置信区间中,要么不在。

置信区间作为随机区间,它包含总体参数真实值的概率 $1-\alpha$ 称为置信水平。如果在随机抽样中,重复抽样多次,得到多组不同的样本值,对应每组样本值都确定了一个置信区间,这些区间中有的包含总体参数的真值,有的不包含。根据大数定律,当抽样次数充分大时,这些区间中包含参数真值的比率(频率)接近于置信水平(概率),即在这些区间中包含真值的区间大约有 $100(1-\alpha)\%$,不包含真值的区间大约有 $100\alpha\%$ 。

4. **答:**在样本容量相同时,提高估计的精度,会降低估计的可靠程度;反之,提高估计的可靠程度,会降低估计的精度。例如,估计某班学生的平均成绩在 0 至 100 分之间,正确的概率达到 100%,但这种估计毫无精度可言;反之估计某班学生的平均成绩在 70 至 90 分之间,提高了估计的精度,但估计正确的概率大大降低,不再 100%可靠,存在估计错误的风险。

因此,估计的精度和估计的可靠程度是一对矛盾的双方,要想调和它们之间的矛盾,唯一的办法就是增大样本容量,追加更多的样本信息。

5. **答:**样本容量与置信水平成正比,在其他条件不变的情况下,置信水平越大,所需的样本容量也就越大;样本容量与总体的差异程度成正比,总体的差异越大,所要求的样本容量也越大;样本容量与允许误差成反比,可以接受的允许误差越大,所需的样本容量就越小。

6. **答**:一是用历史资料已有的标准差与成数代替;二是在进行正式抽样调查前进行几次试验性调查,用试验中标准差的最大值代替总体标准差;三是成数方差在完全缺乏资料的情况下,就用成数方差的最大值 0.25 代替。

三、计算题

1. **解** (1)设 X 为该市居民家庭人均年收入,由于 $X \sim N(4000,1200^2)$,故 $Z=\frac{X-4000}{1200} \sim N(0,1)$,则所求概率为:

$$P(5000<X<7000)=P(\frac{5000-4000}{1200}<\frac{X-4000}{1200}<\frac{7000-4000}{1200})=P(\frac{5}{6}<Z<2.5)$$

$$=\Phi(2.5)-\Phi(\frac{5}{6})=0.9938-0.7977=0.1961$$

(2)所求的概率为:

$$P(X>8000)=P(\frac{X-4000}{1200}>\frac{8000-4000}{1200})=P(Z>\frac{10}{3})=1-\Phi(\frac{10}{3})=1-0.99957=0.00043$$

2. **解** 已知 $n=100$,$N=5000$,$\bar{x}=450$ 公斤,$s=52$ 公斤,$\alpha=0.05$ 。则该地区平均亩产的 95%置信区间为:

$$\bar{x} \pm z_{\alpha/2} \frac{s}{\sqrt{n}} \cdot \sqrt{\frac{N-n}{N-1}}=450 \pm 1.96 \times \frac{52}{\sqrt{100}} \times \sqrt{\frac{5000-100}{5000-1}}=450 \pm 10.0906$$

$=[439.9094 , 460.0906]$(公斤)

总产量的 95%置信区间为:

$5000 \times [439.9094 , 460.0906]=[2195452 , 2300453]$(公斤)

3. **解** (1)经计算知 $\bar{x}=427.5$,$s=88.733$,查表知 $t_{0.025}(9)=2.262$ 。则平均抗压强度 μ 的 95%置信区间为:

$$\bar{x} \pm t_{0.025}(9) \frac{s}{\sqrt{n}}=427.5 \pm 2.262 \times \frac{88.733}{\sqrt{10}}=427.5 \pm 63.471=[364.029 , 490.971]$$

(2)若 $\sigma=30$,则平均抗压强度 μ 的 95%置信区间为:

$$\bar{x} \pm z_{0.025} \frac{\sigma}{\sqrt{n}}=427.5 \pm 1.96 \times \frac{30}{\sqrt{10}}=427.5 \pm 18.594=[408.906 , 446.094]$$

(3)经查表知 $\chi^2_{0.025}(9)=19.023$,$\chi^2_{0.975}(9)=2.700$,则方差 σ^2 的 95%置信区间为:

$$\left[\frac{(n-1)s^2}{\chi^2_{\alpha/2}(n-1)}, \frac{(n-1)s^2}{\chi^2_{1-\alpha/2}(n-1)}\right]=\left[\frac{9 \times 88.733^2}{19.023}, \frac{9 \times 88.733^2}{2.700}\right]=[3725.065, 26245.15]$$

由此得到 σ 的 95%置信区间为$[61.033, 162.004]$。

4. **解** (1)依题知样本合格率为 $p=190/200=95\%$,相应的抽样平均误差为:

$$\sigma_p=\sqrt{\frac{p(1-p)}{n}}=\sqrt{\frac{95\% \times 5\%}{200}}=1.54\%$$

(2) $\alpha=95.45\%$ 95.45%时,$z_{\alpha/2}=2$,则在 95.45%的置信水平下,合格品率的置信区间为:

$$p \pm z_{\alpha/2}\sigma_p=95\% \pm 2 \times 1.54\%=[91.92\% , 98.08\%]$$

合格品数量的 95.45%置信区间为:

$$2000\times[91.92\%\ ,\ 98.08\%]\approx[1838\ ,\ 1962]$$

(3)已知 $\Delta_p = 2.31\%$,则

$$z_{\alpha/2}=\frac{\Delta_p}{\sigma_p}=\frac{2.31\%}{1.54\%}=1.5$$

于是

$$\frac{\alpha}{2}=P(Z\geqslant 1.5)=1-\Phi(1.5)=1-0.9332=0.0668$$

由此得到置信度为:

$$1-\alpha=1-2\times 0.0668=0.8664=86.64\%$$

5.**解** (1) $\mu_1-\mu_2$ 的 95%置信区间为:

$$(\overline{x_1}-\overline{x_2})\pm z_{0.025}\sqrt{\frac{\sigma_1^2}{n_1}+\frac{\sigma_2^2}{n_2}}=(82-76)\pm 1.96\times\sqrt{\frac{64}{10}+\frac{49}{15}}=6\pm 6.094=[-0.094\ ,\ 12.094]$$

(2) $s_w^2=\dfrac{(n_1-1)s_1^2+(n_2-1)s_2^2}{n_1+n_2-2}=\dfrac{9\times 56.5+14\times 52.4}{23}=54.00435$, $s_w=7.3488$

通过查表知 $t_{0.025}(23)=2.0687$,则 $\mu_1-\mu_2$ 的 95%置信区间为:

$$(\overline{x_1}-\overline{x_2})\pm t_{0.025}(n_1+n_2-2)\sqrt{\frac{1}{n_1}+\frac{1}{n_2}}s_w=(82-76)\pm 2.0687\times\sqrt{\frac{1}{10}+\frac{1}{15}}\times 7.3488$$
$$=6\pm 6.206=[-0.206\ ,\ 12.206]$$

(3) $v=\left(\dfrac{s_1^2}{n_1}+\dfrac{s_2^2}{n_2}\right)^2\Big/\left[\dfrac{s_1^4}{n_1^2(n_1-1)}+\dfrac{s_2^4}{n_2^2(n_2-1)}\right]$

$$=\left(\frac{56.5}{10}+\frac{52.4}{15}\right)2\Big/\left[\frac{56.5^2}{900}+\frac{52.5^2}{225\times 14}\right]=18.9058$$

借助于统计软件可得到 $t_{0.025}(18.9058)=2.09373$,于是 $\mu_1-\mu_2$ 的 95%置信区间为:

$$(\overline{x_1}-\overline{x_2})\pm t_{0.025}(v)\sqrt{\frac{s_1^2}{n_1}+\frac{s_2^2}{n_2}}=(82-76)\pm 2.09373\times\sqrt{\frac{56.5}{10}+\frac{52.4}{15}}=6\pm 6.331$$
$$=[-0.331\ ,\ 12.331]$$

(4)查表知 $F_{0.025}(9,14)=3.2093$, $F_{0.975}(9,14)=0.2633$,于是 σ_1^2/σ_2^2 的 95%置信区间为:

$$\left[\frac{s_1^2/s_2^2}{F_{\alpha/2}(n_1-1,\ n_2-1))},\quad \frac{s_1^2/s_2^2}{F_{1-\alpha/2}(n_1-1,\ n_2-1)}\right]=\left[\frac{56.5/52.4}{3.2093},\quad \frac{56.5/52.4}{0.2633}\right]$$
$$=[0.3360\ ,\ 4.0951]$$

6.**解** (1)查表知 $F_{0.025}(9,9)=4.0260$, $F_{0.975}(9,9)=0.2484$,于是甲、乙两地区女青年身高的方差比 σ_1^2/σ_2^2 的 95%置信区间为:

$$\left[\frac{s_1^2/s_2^2}{F_{\alpha/2}(n_1-1,\ n_2-1))},\quad \frac{s_1^2/s_2^2}{F_{1-\alpha/2}(n_1-1,\ n_2-1)}\right]=\left[\frac{0.2^2/0.4^2}{4.0260},\quad \frac{0.2^2/0.4^2}{0.2484}\right]$$
$$=[0.062\ ,\ 1.006]$$

(2)由(1)不能判定 σ_1 与 σ_2 是否相等,故需要计算:

$$v=\left(\frac{s_1^2}{n_1}+\frac{s_2^2}{n_2}\right)^2\Big/\left[\frac{s_1^4}{n_1^2(n_1-1)}+\frac{s_2^4}{n_2^2(n_2-1)}\right]=\left(\frac{0.2^2}{10}+\frac{0.4^2}{10}\right)^2\Big/\left[\frac{0.2^4}{900}+\frac{0.4^4}{900}\right]=13.2353$$

借助于统计软件可得到 $t_{0.025}(13.2353)=2.15647$,于是是甲、乙两地区女青年身高的均值差 $\mu_1-\mu_2$ 的 95%置信区间为:

$$(\overline{x_1}-\overline{x_2})\pm t_{0.025}(v)\sqrt{\frac{s_1^2}{n_1}+\frac{s_2^2}{n_2}}=(1.64-1.62)\pm 2.15647\times\sqrt{\frac{0.2^2}{10}+\frac{0.4^2}{10}}=0.02\pm 0.305$$
$$=[-0.285,\quad 0.325]\text{（米）}$$

7. **解** 经计算知 $\bar{x}=3.3167$ 小时，$s=1.6093$ 小时。查表知 $z_{0.05}=1.645$，$z_{0.025}=1.96$，$z_{0.005}=2.576$。该校大学生平均上网时间的 90%置信区间为：

$$\bar{x}\pm z_{\alpha/2}\frac{s}{\sqrt{n}}=3.3167\pm 1.645\times\frac{1.6093}{\sqrt{36}}=3.3167\pm 0.4412\approx[2.876,\quad 3.758]\text{（小时）}$$

同理可得该校大学生平均上网时间的 95%、99%置信区间分别为[2.791， 3.842]、[2.626， 4.008]小时。

说明：由于本题样本量为 36，可以看成是大样本，故本题中概率度用 $z_{\alpha/2}$ 代替了 $t_{\alpha/2}(n-1)$。若用 $t_{\alpha/2}(n-1)$ 概率度，计算结果与上面略有不同，但差别不大。

8. **解** 经计算知 $\bar{x}=13.56$ 小时，$s=7.8006$ 小时。查表知 $t_{0.05}(17)=1.7396$，则该网络公司员工每周平均加班时间的 90%置信区间为：

$$\bar{x}\pm t_{\alpha/2}(n-1)\frac{s}{\sqrt{n}}=13.56\pm 1.7396\times\frac{7.8006}{\sqrt{18}}=13.56\pm 3.20=[10.36,\quad 16.76]\text{（小时）}$$

9. **解** (1)经计算知 $s_1^2=0.2272$。查表知 $\chi^2_{0.025}(9)=19.023$，$\chi^2_{0.975}(9)=2.700$，则第一种排队方式等待时间方差的 95%置信区间为：

$$\left[\frac{(n-1)s^2}{\chi^2_{\alpha/2}(n-1)},\quad \frac{(n-1)s^2}{\chi^2_{1-\alpha/2}(n-1)}\right]=\left[\frac{9\times 0.2272}{19.023},\quad \frac{9\times 0.2272}{2.700}\right]=[0.10749,\quad 0.75733]$$

于是，第一种排队方式等待时间的标准差的 95%置信区间为：

$$\sqrt{[0.10749,\quad 0.75733]}=[0.3279,\quad 0.8702]\text{（分钟）}$$

(2)经计算知 $s_2^2=3.3183$，则第二种排队方式等待时间方差的 95%置信区间为：

$$\left[\frac{(n-1)s^2}{\chi^2_{\alpha/2}(n-1)},\quad \frac{(n-1)s^2}{\chi^2_{1-\alpha/2}(n-1)}\right]=\left[\frac{9\times 3.3183}{19.023},\quad \frac{9\times 3.3183}{2.700}\right]=[1.56993,\quad 11.061]$$

于是，第二种排队方式等待时间的标准差的 95%置信区间为：

$$\sqrt{[1.56993,\quad 11.061]}=[1.2530,\quad 3.3258]\text{（分钟）}$$

(3)经过计算知道 $\overline{x_1}=\overline{x_2}=7.15$ 分钟，但从(1)和(2)计算结果中可以看到，第一种排队方式等待时间的标准差明显小于第二种，因此第一种排队方式更好。

10. 解 (1) $p=32/50=64\%$，则总体中赞成新措施的户数比例的 95%置信区间为：

$$p\pm z_{0.025}\sqrt{\frac{p(1-p)}{n}}\sqrt{1-\frac{n}{N}}=64\%\pm 1.96\times\sqrt{\frac{64\%\times 36\%}{50}}\sqrt{1-\frac{50}{500}}=64\%\pm 12.62\%$$
$$=[51.38\%,\quad 76.62\%]$$

(2)已知预计赞成比例 $\rho=80\%$，极限误差 $\Delta=10\%$，则在 95%的置信水平下，样本容量为：

$$n=\frac{Nz^2_{0.025}\rho(1-\rho)}{N\Delta^2+z^2_{0.025}\rho(1-\rho)}=\frac{500\times 1.96^2\times 80\%\times 20\%}{500\times(10\%)^2+1.96^2\times 80\%\times 20\%}=54.74\approx 55$$

即应至少抽取 55 户进行调查。

11. **解** 计算得 $\bar{d}=11$，$s_d=6.53$，查表知 $t_{0.025}(9)=2.2622$。于是两种方法平均自信心得分之差 $\mu_d=\mu_1-\mu_2$ 的 95%置信区间为：

$$\overline{d} \pm t_{\alpha/2}(n-1)\frac{s_d}{\sqrt{n}} = 11 \pm 2.2622 \times \frac{6.53}{\sqrt{10}} = 11 \pm 4.67 = [6.33,\quad 15.67]$$

12. **解** 已知 $\sigma = 120$ 元，$1-\alpha = 95\%$，$\Delta = 20$ 元，则：

$$n = z_{\alpha/2}^2 \frac{\sigma^2}{\Delta^2} = 1.96^2 \frac{120^2}{20^2} = 138.2976 \approx 139$$

即应至少抽取 139 名顾客进行调查。

13. **解** 已知 $n_1 = n_2 = 21$，经计算知 $s_1^2 = 0.058375$，$s_2^2 = 0.005846$。查表知 $F_{0.025}(20, 20) = 2.4645$，$F_{0.975}(20,20) = 0.4058$，于是两个总体方差比 σ_1^2/σ_2^2 的 95%置信区间为：

$$\left[\frac{s_1^2/s_2^2}{F_{\alpha/2}(n_1-1,\quad n_2-1)},\quad \frac{s_1^2/s_2^2}{F_{1-\alpha/2}(n_1-1,\quad n_2-1)}\right]$$

$$= \left[\frac{0.058375/0.005846}{2.4645},\quad \frac{0.058375/0.005846}{0.4058}\right] = [4.0517,\quad 24.6069]$$

14. **解** (1)已知 $n = 100$，$p = 80\%$，则该批茶叶合格率的的 95%置信区间为：

$$p \pm z_{0.025}\sqrt{\frac{p(1-p)}{n}} = 80\% \pm 1.96 \times \sqrt{\frac{80\% \times 20\%}{100}} = 80\% \pm 7.84\% = [72.16\%,\quad 87.84\%]$$

(2) $\overline{x} = \dfrac{\sum xf}{\sum f} = 151$（克），$s = \sqrt{\dfrac{\sum (x-\overline{x})^2 f}{\sum f - 1}} = 1.80$（克），则该批茶叶平均重量的 95%置信区间为：

$$\overline{x} \pm z_{0.025}\frac{s}{\sqrt{n}} = 151 \pm 1.96 \times \frac{1.80}{\sqrt{100}} = 151 \pm 0.35 = [150.65,\quad 151.35]\text{（克）}$$

由于置信下限超过了 150 克，因此，在 0.05 的显著性水平下，认为该批茶叶平均重量达到规格要求。

说明：本题第(2)问还可以应用下一章假设检验的方法来判断，请读者学完下一章自行完成。

15. **解** (1)依题可知 $n=50$ 人，

$$\overline{x} = \frac{\sum xf}{\sum f} = \frac{600 \times 5 + 700 \times 10 + 800 \times 11 + 900 \times 20 + 1000 \times 4}{50} = 816\text{（元）}$$

$$s = \sqrt{\frac{\sum (x-\overline{x})^2 f}{\sum f - 1}} = \sqrt{\frac{(600-816)^2 \times 5 + \cdots + (1000-816)^2 \times 4}{49}} = 114.93\text{（元）}$$

$1-\alpha = 95.45\%$，查表知 $z_{\alpha/2} = z_{0.02275} = 2$，因此工人平均工资的置信区间为：

$$\overline{x} \pm z_{\alpha/2}\frac{s}{\sqrt{n}} = 816 \pm 2 \times \frac{114.93}{\sqrt{50}} = 816 \pm 32.51 = [783.49,\quad 848.51]\text{（元）}$$

样本中工资不少于 800 元的工人所占比重：$p=35/50=70\%$，故该企业工资不少于 800 元的工人所占比重的置信区间为：

$$p \pm z_{\alpha/2}\sqrt{\frac{p(1-p)}{n}} = 70\% \pm 2 \times \sqrt{\frac{70\% \times 30\%}{50}} = 70\% \pm 12.96\% = [57.04\%,\quad 82.96\%]$$

(2)已知题目要求的 $\Delta_{\overline{x}} = 30$，$\Delta_p = 10\%$，则按抽样平均数与成数计算的样本容量分别是：

$$n_1=\frac{z_{\alpha/2}^2 s^2}{\Delta_{\bar{x}}}=\frac{2^2\times 114.93^2}{30^2}\approx 59\text{（人）},\ n_2=\frac{z_{\alpha/2}^2 p(1-p)}{\Delta_p^2}=\frac{2^2\times 0.7\times 0.3}{0.1^2}\approx 84\text{（人）}$$

取以上计算结果中较大者，即 $n=84$，应抽取 84 人作样本以保证抽样调查的准确性。

补充练习题

一、单项选择题

1. 样本统计量和总体参数（　　）。

A. 前者是确定的，后者是随机变量　　B. 两者都是随机变量

C. 两者都是确定的　　D. 前者是随机变量，后者是确定的

2. 设 $x_1,x_2,\cdots,x_{10}$ 是来自二项分布 $B(1,p)$ 的一个样本，其中 $0<p<1$，p 未知，下列样本的函数不是统计量的是（　　）。

A. $\frac{1}{10}\sum_{i=1}^{10}x_i$　B. $\max(x_1,x_2,\cdots,x_{10})$　C. $\min(x_1,x_2,\cdots,x_{10})$　D. $x_8-E(x_1)$

3. 某地区居民收入的方差为 900，随机抽取 400 户调查，则调查户平均收入的方差为（　　）。

A. 30　B. 2.25　C. 900　D. 300

4. 抽样分布是指（　　）。

A. 一个样本各观测值的分布　　B. 总体中各观测值的分布

C. 样本统计量的分布　　D. 样本数量的分布

5. 在参数估计中，要求通过样本统计量来估计总体参数，评价统计量标准之一是使它与总体参数的离差越小越好。这种评价标准称为（　　）。

A. 有效性　B. 无偏性　C. 一致性　D. 充分性

6. 根据某班学生考试成绩的一个样本，用 95% 的置信水平构造的该班学生平均考试分数的置信区间为 75～85 分，则全班学生的平均分数（　　）。

A. 肯定在这一区间　　B. 有 95% 的可能性在这一区间内

C. 有 5% 的可能性在这一区间内　　D. 要么在这一区间内，要么不在这一区间内

7. 95% 的置信水平是指（　　）。

A. 总体参数落在一个特定的样本所构造的区间内的概率为 95%

B. 在用同样方法构造的总体参数的多个区间中，包含总体参数的区间比率为 95%

C. 总体参数落在一个特定的样本所构造的区间内的概率为 5%

D. 在用同样方法构造的总体参数的多个区间中，包含总体参数的区间比率为 5%

8. 在其他条件不变的情况下，提高参数估计的可靠程度，其估计的精确度（　　）。

A. 随之扩大　B. 随之缩小　C. 保持不变　D. 无法判断

9. 抽样平均误差和极限误差之间的关系是（　　）。

A. 抽样平均误差大于极限误差　　B. 抽样平均误差等于极限误差

C. 抽样平均误差小于极限误差　　D. 抽样平均误差大于、等于或小于极限误差

10. 下列关于点估计的说法，正确的是（　　）。

A. 不考虑抽样误差及可靠程度　　B. 考虑抽样误差及可靠程度

C. 适用于推断的准确度要求高的情况　　D. 无需考虑无偏性、有效性、一致性

11. 在对某住宅小区居民的调查中，随机抽取由 48 个家庭构成的样本，其中有 36 个家庭

对小区的物业管理服务表示不满意。该小区所有家庭对物业服务不满意的比率的95%置信区间为(　　)。

A. 0.75 ± 0.1225　B. 0.75 ± 0.1325　C. 0.75 ± 0.1425　D. 0.75 ± 0.1525

12. 在置信水平不变的条件下,要缩小置信区间,则(　　)。

A. 保持样本容量不变　B. 需要减少样本容量

C. 需要增加样本容量　D. 需要改变统计量的抽样标准差

二、填空题

1. 从一方差为9的总体中按重复抽样的方式抽取一个样本容量为36的样本,则样本均值的标准差为__________。

2. 一批产品中合格的产品数量占98%,则从这批产品中随机抽取25个产品,则产品样本合格率的抽样平均误差为__________。

3. 在其他条件不变的情况下,如果要求重复抽样推断的极限误差缩小为原来的一半,则样本容量应该扩大为原来的__________倍。

4. 在保持可靠程度不变的情况下,如果要求重复抽样推断的精度提高为原来的2倍,则样本容量应扩大为原来的__________倍。

5. 已知某种材料的抗压强度服从正态分布 $N(\mu, 900)$,现随机地抽取9个试件进行抗压试验,测得数据为:482,493,457,471,510,446,435,422,469,则平均抗压强度 μ 的95%置信区间为________________。

6. 某班组有5个工人,他们的单位工时工资分别是4,6,8,10,12元,现用重复抽样方式从5个工人中抽出2人,则该样本的平均工时工资的抽样平均误差为__________。

7. 采用简单随机重复抽样的方法,从2000件产品中抽查200件,其中合格品190件,则合格品数量的95%置信区间为________________。

8. 在一项对学生资助贷款的研究中,随机抽取400名学生作为样本,得到毕业前的平均欠款余额为12168元,标准差为2200元。则贷款学生总体中平均欠款的95%置信区间为________________。

9. 假设轮胎的寿命服从正态分布,为估计某种轮胎的平均寿命,随机抽取了16只轮胎试用,测得它们的平均寿命 $\bar{x} = 24.7$ 万公里,标准差 $s = 0.25$ 万公里,则该种轮胎平均寿命的95%置信区间为________________。

10. 某企业产品的不合格率曾有1%,3%和5%三种情况,为推断该企业当前产品的不合格率,则应该选____________这一不合格率作为样本容量的计算依据。

三、简答题

1. 参数估计的点估计与区间估计有什么区别和联系?

2. 在1932年,美国总统大选中,美国的《文摘》杂志向1000万个电话用户和文摘的订户发放了关于总统选举的民意调查问卷。结果收回了240万份问卷,根据调查结果,《文摘》杂志预测共和党候选人兰登将以较大的比例战胜民主党候选人罗斯福。而刚成立的盖洛普研究所采用随机抽样的方法抽选了2000多选民进行问卷调查,得出了与《文摘》杂志相反的结论。最后大选的结果表明只调查2000户的盖洛普研究所的预测,居然比调查了成百万户的《文摘》杂志的预测更准确。请你分析其中的原因,进而考虑,应如何正确地开展抽样调查的问题。

四、计算题

1.某学校随机抽查的10个男生，平均身高170厘米，标准差12厘米。假设该校全体男生的身高服从正态分布。

(1)在95%的置信水平下，对该校男生的平均身高进行区间估计。

(2)置信水平为多少，可得到该校全体男生的平均身高的置信区间为160.5～179.5厘米？

2.某企业生产的袋装食品采用自动打包机包装，每袋标准重量为100克。现从某天生产的一批产品中按重复抽样随机抽取50包进行检查，测得每包重量(克)如下表：

每包重量(克)	包数
96～98	1
98～100	4
100～102	41
102～104	2
104～106	2

(1)确定该种食品平均重量95%的置信区间。

(2)如果规定食品重量低于100克属于不合格，则在显著水平 $\alpha = 0.05$ 下，该批食品不合格率是否超过20%。

3.为估计每个网络用户每天上网的平均时间是多少，随机抽取了225个网络用户的简单随机样本，得样本均值为6.5小时，样本标准差为2.5小时。

(1)试以95%的置信水平，建立网络用户每天平均上网时间的区间估计；

(2)在所调查的225个网络用户中，年龄在20岁以下的用户为90个。以95%的置信水平，估计年龄在20岁以下的网络用户比例是否超过50% 。

4.调查某住宅区居民用水情况，该区共有 $N=10000$ 户，采取无放回抽样随机抽取了 $n=100$ 户，测得 $\bar{x} = 12.5$，$s^2 = 12.52$，其中有40户用水超过了规定标准。要求计算：

(1)该地区的总用水量及95%的置信区间；

(2)若要求在95%的可靠性下，估计平均用水量的最大误差不超过0.1吨，应抽取多少户作样本？

(3)以95%的可靠性估计用水超过标准的户数；

(4)若认为估计用水的超标户的置信区间过宽，要求缩短一半，这时应抽多少户作样本？

第七章 假设检验

学习目的和要求

通过本章的学习，要理解假设检验的基本思想，理解假设检验中的基本概念，掌握假设检验的一般步骤，了解建立假设检验的原则。理解假设检验中两类错误的含义及犯两类错误的概率之间的关系，理解假设检验的 P 值的含义及 P 值检验和给定显著性水平的检验之间的关系。掌握正态总体相关参数的假设检验的基本方法及其应用，掌握总体成数的检验方法及其应用。能够运用 Excel、R 等统计软件实验以上假设检验，并能正确解读计算机输出的结果。

内容提要

一、假设检验概述

(一)假设检验的基本思想

假设检验运用的是概率反证法的基本思想，即"在逻辑上应用反证法，在统计上应用小概率原理"来判断总体的某个假设是否成立。

(二)假设检验中的一些基本概念

1. 原假设和备择假设

原假设：研究者想收集证据予以推翻的假设，用 H_0 表示。

备择假设：是 H_0 的对立面，是研究者收集证据予以支持的假设，用 H_1 表示。

2. 双侧检验和单侧检验

(1)双侧检验：备择假设没有特定的方向性，并含有符号"≠"的假设检验，如：

$$H_0:\theta=\theta_0 \quad \text{VS} \quad H_1:\theta\neq\theta_0$$

(2)右侧检验：备择假设的方向为"<"的假设检验，如：

$$H_0:\theta=\theta_0 \quad \text{VS} \quad H_1:\theta<\theta_0$$

$$H_0:\theta\geqslant\theta_0 \quad \text{VS} \quad H_1:\theta<\theta_0$$

(3)左侧检验：备择假设的方向为">"的假设检验，如：

$$H_0:\theta=\theta_0 \quad \text{VS} \quad H_1:\theta>\theta_0$$

$$H_0:\theta\leqslant\theta_0 \quad \text{VS} \quad H_1:\theta>\theta_0$$

3. 检验统计量

用于检验的样本统计量，反映样本的信息，不含未知总体参数。检验过程就是依据检验统计量及其概率分布来判断在原假设成立的前提下，样本的实现值是否属于小概率事件。

对于点估计量的抽样分布为对称分布的总体参数(如总体均值和总体成数)进行的检验，检验统计量的构造形式一般为：

$$检验统计量 = \frac{点估计量-假设值}{点估计量的分布标准差} \tag{7.1}$$

4. **显著性水平**

当原假设 H_0 为真时，拒绝原假设 H_0 的概率上限，我们称为显著性水平，记为 α 。α 实际上也是人们心目中的小概率标准，一般事先给定。α 通常取 0.05，0.01 和 0.1。

5. **拒绝域、接受域和临界值**

拒绝域：H_0 为真时，概率不超过显著性水平 α 的检验统计量的区域。它实际上是检验能作出拒绝 H_0 这一结论的区域。

接受域：在 H_0 为真时，概率至少为 $1-\alpha$ 的检验统计量的区域。

临界值：拒绝域和接受域之间的分界线。

6. **两类错误**

第Ⅰ类错误：H_0 为真，但检验作出了拒绝 H_0 的结论所犯错误，也称弃真错误。

第Ⅱ类错误：H_0 不为真，但检验没有作出拒绝 H_0 的结论所犯错误，也称受伪错误。

两类错误的概率：犯第Ⅰ类错误的概率记作 α，它实际上就是显著性水平；犯第 II 类错误的概率记作 β。减小犯第Ⅰ类错误的概率 α，会增加犯第 II 类错误的概率 β，反之则反。

(三)假设检验中的基本步骤

假设检验的基本步骤可以概括为：提出假设→确定并计算检验统计量→确定拒绝域→作出检验决策。

(四)检验结果的表述

拒绝原假设的结论是明确的，样本结果在“统计上是显著的”；不拒绝原假设的结论是不明确的，结果在“统计上不显著”，这时最好不要采用“接受原假设”的说法。

二、正态总体的检验

(一)单个正态总体的检验

1. **总体均值的检验**

单个正态总体均值检验的计算公式如表 7-1 所示。

表 7-1　单个正态总体均值检验的计算公式

检验法	条件	原假设 H_0	备择假设 H_1	检验统计量	拒绝域 W
z 检验	σ 已知	$\mu=\mu_0$	$\mu\neq\mu_0$	$z=\dfrac{\bar{x}-\mu_0}{\sigma/\sqrt{n}}$	$\lvert z\rvert\geqslant z_{\alpha/2}$
			$\mu>\mu_0$		$z\geqslant z_\alpha$
			$\mu<\mu_0$		$z\leqslant -z_\alpha$

续表 7 - 1

检验法	条件	原假设 H_0	备择假设 H_1	检验统计量	拒绝域 W
t 检验	σ 未知	$\mu=\mu_0$	$\mu\neq\mu_0$	$t=\dfrac{\overline{x}-\mu_0}{s/\sqrt{n}}$	$\lvert t\rvert\geqslant t_{\alpha/2}(n-1)$
			$\mu>\mu_0$		$t\geqslant t_\alpha(n-1)$
			$\mu<\mu_0$		$t\leqslant -t_\alpha(n-1)$

说明 1:拒绝域 W 的方向只和备择假设 H_1 的方向有关,因此对于上面的单侧检验中原假设中的“=”可相应地换成“$\leqslant$”或“$\geqslant$”,拒绝域并不发生改变。

说明 2:在大样本的场合,由于 t 分布与正态分布很接近,因此可以用 z 检验替代 t 检验。

2. 总体方差的检验

单个正态总体方差检验的计算公式如表 7 - 2 所示。

表 7 - 2 单个正态总体方差检验的计算公式

检验法	原假设 H_0	备择假设 H_1	检验统计量	拒绝域 W
χ^2 检验	$\sigma^2=\sigma_0^2$	$\sigma^2\neq\sigma_0^2$	$\chi^2=\dfrac{(n-1)s^2}{\sigma_0^2}$	$W=\{\chi^2\leqslant\chi^2_{1-\alpha/2}(n-1)$ 或 $\chi^2\geqslant\chi^2_{\alpha/2}(n-1)\}$
		$\sigma^2>\sigma_0^2$		$W=\{\chi^2\geqslant\chi^2_\alpha(n-1)\}$
		$\sigma^2<\sigma_0^2$		$W=\{\chi^2\leqslant\chi^2_{1-\alpha}(n-1)\}$

(二)两个正态总体的检验

1. 两个总体均值的检验

两个正态总体均值检验的计算公式如表 7 - 3 所示。

表 7 - 3 两个正态总体均值检验的计算公式

检验法	条件		原假设 H_0	备择假设 H_1	检验统计量	拒绝域 W
z 检验	独立样本	σ_1^2 和 σ_2^2 已知	$\mu_1=\mu_2$	$\mu_1=\mu_2$	$z=\dfrac{\overline{x_1}-\overline{x_2}}{\sqrt{\dfrac{\sigma_1^2}{n_1}+\dfrac{\sigma_2^2}{n_2}}}$	$\lvert z\rvert\geqslant z_{\alpha/2}$
				$\mu_1>\mu_2$		$z\geqslant z_\alpha$
				$\mu_1<\mu_2$		$z\leqslant -z_\alpha$
t 检验		$\sigma_1^2=\sigma_2^2=\sigma^2$ 未知	$\mu_1=\mu_2$	$\mu_1=\mu_2$	$t=\dfrac{\overline{x_1}-\overline{x_2}}{s_w\sqrt{\dfrac{1}{n_1}+\dfrac{1}{n_2}}}$	$\lvert t\rvert\geqslant t_{\alpha/2}(n_1+n_2-2)$
				$\mu_1>\mu_2$		$t\geqslant t_\alpha(n_1+n_2-2)$
				$\mu_1<\mu_2$		$t\leqslant -t_\alpha(n_1+n_2-2)$
		$\sigma_1^2\neq\sigma_2^2$ 未知	$\mu_1=\mu_2$	$\mu_1=\mu_2$	$t=\dfrac{\overline{x_1}-\overline{x_2}}{\sqrt{\dfrac{s_1^2}{n_1}+\dfrac{s_2^2}{n_2}}}$	$\lvert t\rvert\geqslant t_{\alpha/2}(v)$
				$\mu>\mu_0$		$t\geqslant t_\alpha(v)$
				$\mu<\mu_0$		$t\leqslant -t_\alpha(v)$

续表 7－3

检验法	条件		原假设 H_0	备择假设 H_1	检验统计量	拒绝域 W
z 检验	配对样本	σ_d 已知	$\mu_1=\mu_2$	$\mu_1=\mu_2$	$z=\dfrac{\bar{d}}{\sigma_d/\sqrt{n}}$	$\lvert z\rvert\geqslant z_{\alpha/2}$
				$\mu>\mu_0$		$z\geqslant z_\alpha$
				$\mu<\mu_0$		$z\leqslant -z_\alpha$
t 检验		σ_d 未知	$\mu_1=\mu_2$	$\mu_1=\mu_2$	$t=\dfrac{\bar{d}}{s_d/\sqrt{n}}$	$\lvert t\rvert\geqslant t_{\alpha/2}(n-1)$
				$\mu>\mu_0$		$t\geqslant t_\alpha(n-1)$
				$\mu<\mu_0$		$t\leqslant -t_\alpha(n-1)$

说明 1：表 7－3 中涉及的联合样本标准差 s_w 和自由度 v 的相关计算公式如下：

$$s_w^2=\frac{(n_1-1)s_1^2+(n_2-1)s_2^2}{n_1+n_2-2} \tag{7.2}$$

$$v=(\frac{s_1^2}{n_1}+\frac{s_2^2}{n_2})^2\Big/\left[\frac{s_1^4}{n_1(n_1-1)}+\frac{s_2^4}{n_2(n_2-1)}\right] \tag{7.3}$$

说明 2：表 7－3 中涉及的是 $\mu_1-\mu_2$ 和 0 的关系检验，这可以推广到 $\mu_1-\mu_2$ 和一个常数 μ_0 的关系检验。具体只需将检验统计量的分子减去 μ_0，而拒绝域并不发生改变。

2. **两个总体方差的检验**

两个正态总体方差检验的计算公式如表 7－4 所示。

表 7－4　两个正态总体方差检验的计算公式

检验法	原假设 H_0	备择假设 H_1	检验统计量	拒绝域 W
F 检验	$\sigma_1^2=\sigma_2^2$	$\sigma_1^2\neq\sigma_2^2$	$F=\dfrac{s_1^2}{s_2^2}$	$W=\{F\leqslant F_{1-\alpha/2}(n_1-1,\ n_2-1)$ 或 $F\geqslant F_{\alpha/2}(n_1-1,\ n_2-1)\}$
		$\sigma_1^2>\sigma_2^2$		$W=\{F\geqslant F_\alpha(n_1-1,\ n_2-1)\}$
		$\sigma_1^2<\sigma_2^2$		$W=\{F\leqslant F_{1-\alpha}(n_1-1,\ n_2-1)\}$

三、总体成数的检验

总体成数的检验只考虑大样本的情况，其检验涉及的计算公式见表 7－5。

表 7 - 5 总体成数检验的计算公式

检验法	条件		原假设 H_0	备择假设 H_1	检验统计量	拒绝域 W
z 检验	单个总体		$\rho=\rho_0$	$\rho\neq\rho_0$	$z=\dfrac{p-\rho_0}{\sqrt{\dfrac{\rho_0(1-\rho_0)}{n}}}$	$\lvert z\rvert\geqslant z_{\alpha/2}$
			$\rho=\rho_0$	$\rho>\rho_0$		$z\geqslant z_\alpha$
			$\rho=\rho_0$	$\rho<\rho_0$		$z\leqslant -z_\alpha$
	两个总体	$\rho_0=0$	$\rho_1-\rho_2=\rho_0$	$\rho_1-\rho_2\neq\rho_0$	$z=\dfrac{p_1-p_2}{\sqrt{p(1-p)(\dfrac{1}{n_1}+\dfrac{1}{n_2})}}$	$\lvert z\rvert\geqslant z_{\alpha/2}$
			$\rho_1-\rho_2=\rho_0$	$\rho_1-\rho_2>\rho_0$		$z\geqslant z_\alpha$
			$\rho_1-\rho_2=\rho_0$	$\rho_1-\rho_2<\rho_0$		$z\leqslant -z_\alpha$
		$\rho_0\neq 0$	$\rho_1-\rho_2=\rho_0$	$\rho_1-\rho_2\neq\rho_0$	$z=\dfrac{p_1-p_2-\rho_0}{\sqrt{\dfrac{p_1(1-p_1)}{n_1}+\dfrac{p_2(1-p_2)}{n_2}}}$	$\lvert z\rvert\geqslant z_{\alpha/2}$
			$\rho_1-\rho_2=\rho_0$	$\rho_1-\rho_2>\rho_0$		$z\geqslant z_\alpha$
			$\rho_1-\rho_2=\rho_0$	$\rho_1-\rho_2<\rho_0$		$z\leqslant -z_\alpha$

说明：表 7 - 5 中两个总体，且 $\rho_0=0$ 的情形中检验统计量的计算公式中 p 按如下公式计算：

$$p=\frac{n_1p_1+n_2p_2}{n_1+n_2} \tag{7.4}$$

四、假设检验的 P 值

(一)显著性水平与拒绝域的关系

显著性水平 α 越小，拒绝域的范围就越窄，就越不容易作出拒绝原假设 H_0 的结论。因此，事先给定显著性水平的检验，带有一定的主观性，不同主张的显著性水平，可能得出不同的结论。

(二)P 值的概念及计算

1. P 值的概念

能作出拒绝原假设的所有显著性水平中，存在着一个最小的显著性水平，这个最小的显著性水平假设检验的 P 值。它实际上是原假设 H_0 为真时，所得到的样本结果会像实际观测结果那么极端或更极端的概率。

2. 借助于 P 值的检验决策

(1)如果 $P\leqslant\alpha$，则在显著性水平 α 下拒绝 H_0；

(2)如果 $P>\alpha$，则在显著性水平 α 下不拒绝 H_0。

3. P 值的计算

P 值的计算公式如表 7 - 6 所示。

表 7-6 P 值的计算公式

检验法	检验类型	P 值（z_c、t_c、χ_c^2、F_c 为实际样本下相应检验统计量的具体取值）
z 检验	双侧检验	$P=P(\|z\|>\|z_c\|)=2P(z>\|z_c\|)$
	右侧检验	$P=P(z>z_c)$
	左侧检验	$P=P(z<z_c)$
t 检验	双侧检验	$P=P(\|t\|>\|t_c\|)=2P(t>\|t_c\|)$
	右侧检验	$P=P(t>t_c)$
	左侧检验	$P=P(t<t_c)$
χ^2 检验	双侧检验	$P=2\min\{P(\chi^2>\chi_c^2),P(\chi^2<\chi_c^2)\}$
	右侧检验	$P=P(\chi^2>\chi_c^2)$
	左侧检验	$P=P(\chi^2<\chi_c^2)$
F 检验	双侧检验	$P=2\min\{P(F>F_c),P(F<F_c)\}$
	右侧检验	$P=P(F>F_c)$
	左侧检验	$P=P(F<F_c)$

(三)对 P 值的理解

(1)P 值越小，拒绝 H_0 的理由就越充分

(2)P 值多小，拒绝原假设才令人信服，取决于原假设的可信度和拒绝原假设的成本有多高。一般来说，$P<0.1$ 代表有“一些证据”不利于原假设；$P<0.05$ 代表有“适度证据”不利于原假设；$P<0.01$ 代表有“很强证据”不利于原假设。

(3)P 值决策优于事先给定显著性水平的决策。因为事先给定显著性水平 α，只要检验统计量的值落在拒绝域，无论它在哪个位置，拒绝原假设的结论始终是一样的。而 P 值给出了实际的显著性，检验统计量落在不同的位置，P 值的结果也就不同。

学习重点与难点

学习本章，要重点理解假设检验的基本思想、假设检验的 P 值、两类错误及其关系，掌握假设检验的一般过程，能利用假设检验的方法进行单个和两个总体参数的检验。本章的难点是假设检验的基本思想和原理，以及假设检验的 P 值，学习时一定注重思考，将相关的概念、原理和方法理解透。

教材“思考与练习”参考答案

一、单项选择题

1. C；2. C；3. B；4. C；5. D；6. A；7. B；8. C；9. C；10. A；11. A；12. B

二、思考题

1. **答：**同意。假设检验所遵循的推断依据是统计中的“小概率原理”：小概率事件在一次试验中几乎是不会发生的。例如，在 10000 件产品中，如果只有 1 件是次品，那么可以得知，在一次随机试验中抽到次品的概率仅为 0.01%，此概率是非常小的。或者说，在一次随机抽样试

验中,次品几乎是不会抽到的。反过来,如果从这批产品中任意抽取1件,恰好是次品,我们就可以断定,该批产品次品率应该不是很小的,否则我们就不会那么轻易抽到次品,从而,我们就有足够的理由否认产品的次品率很低的假设。

假设检验就是利用样本中所蕴含的信息对事先假设的总体情况作出的推断。假设检验不是毫无根据的,而是在一定的统计概率下支持这种判断。

假设检验的基本步骤为:

(1)根据研究的目的提出原假设和备择假设;

(2)确定检验统计量及其分布,并根据样本信息检验统计量的值;

(3)给定显著性水平 α,确定检验的临界值,得出拒绝域;

(4)将检验统计量的实际值与拒绝域的临界值进行比较,作出是否拒绝原假设的决策。

2. **答:**原假设也称零假设,它通常是研究者想收集证据予以推翻的假设,用 H_0 表示。备择假设是原假设的对立,是在否认原假设之后所要接受的内容,它通常是我们真正感兴趣的一个判断,也是研究者收集证据予以支持的假设,用 H_1 表示。原假设和备择假设是相互对立的,当原假设被否定时,备择假设就自然成立。

常见的建立原假设和备择假设的原则,有以下几点:

(1)习惯上把概念明确的假设作为原假设,这样不容易引起歧义;

(2)通常把传统的、已有的、旧的、广为人们认同的内容放在原假设中;

(3)原假设的提出和我们已经掌握的信息、经验和初步判断有关;

(4)备择假设一般比原假设好把握,因此一般先提出备择假设,再结合以上几点写出原假设。

3. **答:**原假设实际为真,但根据样本信息却做出了拒绝原假设的结论,所犯的这类错误称为第I类错误,也叫弃真错误;原假设实际不真,但根据样本信息却没能做出拒绝原假设的结论,所犯的这类错误称为第II类错误,也叫受伪错误。

由于两类错误是矛盾体的,因此在其他条件不变的情况下,减少犯第I类错误的概率,势必会增加犯第II类错误的概率,反之则反。

要同时减小犯两类错误的概率,唯一的办法是增加样本容量,追加更多的样本信息。

4. **答:**当原假设 H_0 为真时,拒绝原假设 H_0 的概率上限称为显著性水平,记为 α。可见显著性水平是犯第I类错误的概率上限,同时它实际上也是人们心目中的小概率标准,这是由概率反证法的基本原理所决定的。因为是否拒绝 H_0,关键看在 H_0 为真时,是否有小概率事件发生,如果有,就可以拒绝 H_0;换句话说,H_0 为真时,拒绝 H_0 就等同于一个小概率事件的发生;因此显著性水平 α 实际上也是人们心目中的小概率标准,即概率不超过显著性水平的事件被认定为小概率事件。

5. **答:**假设检验的目的主要是收集证据拒绝原假设,而支持你所倾向的备择假设。因为假设检验只提供不利于原假设的证据,因此,当拒绝原假设时,表明样本提供的证据证明它是错误的,当没有拒绝原假设时,我们也没法证明它是正确的,因为假设检验的程序没有提供它正确的证据。换句话说,假设检验从来就不打算证明总体的情况是什么,而在于证明总体的状况不是什么。

6. **答:**当不能拒绝原假设时,我们也不说"接受原假设",因为没有证明原假设是真的,采用"接受"原假设的说法,给人的感觉是你证明了原假设是正确的。没有足够的证据拒绝原假设并不等于已经"证明"了原假设是真的,它仅仅意味着目前我们还没有足够的证据拒绝原假设,只表示手头上这个样本提供的证据还不足以拒绝原假设。因此，只能采取“不拒绝原假设”的表述，而不能采取“接受原假设”的表述方式。

7. **答**：相同点：①都是根据样本信息推断总体参数；②都以抽样分布为理论依据，建立在概率论基础上的推断，推断结果都有风险；③有些场合，二者使用同一统计量、同一分布，可以相互转换，形成对偶。

不同点：①参数估计是以样本资料估计总体参数真实值的可能范围，假设检验以样本资料检验总体参数的先验假设是否成立；②对于总体均值等参数的区间估计求得的是以样本估计值为中心的双侧置信区间，而相应参数的假设检验既有双侧检验，也有单侧检验；③区间估计立足于大概率，假设检验则立足于小概率。

8. **答**：根据所获得的具体样本，能够作出拒绝原假设的最小的显著性水平，称为假设检验的 P 值，它实际上是原假设 H_0 为真时，所得到的样本结果会像实际观测结果那么极端或更极端的概率。

如果原假设是正确的话，P 值告诉我们对于样本这样的观测数据会有多么的不可能得到，相当不可能得到的数据，就是原假设不对的合理证据。

P 值越小，说明实际观测到的数据与原假设 H_0 之间不一致的程度就越大，检验的结果就越显著，拒绝 H_0 的理由就越充分。当 P 值小到一定的标准时，就有足够的理由拒绝 H_0 。

9. **答**：与事先给定显著性水平的检验相比，P 值检验提供了更多的信息。比如，根据事先确定 α 进行决策时，只要检验统计量的值落在拒绝域，无论它在哪个位置，拒绝原假设的结论都是一样的。但实际上，检验统计量落在拒绝域不同的地方，实际的显著性是不同的。比如，检验统计量落在临界值附近与落在远离临界值的地方，实际的显著性有较大差异。而 P 值给出的是根据实际样本的检验统计量的值算出的显著性水平，它告诉我们实际的显著性水平是多少。根据事先给定显著性水平的检验，如果拒绝原假设，也仅仅是知道犯错误的可能性是 α 那么大，但究竟是多少却不知道，而 P 值则是算出的犯第 I 类错误的实际概率。

三、计算题

1. **解** 依题建立假设：

$$H_0:\mu = 100 \qquad \text{VS} \qquad H_1:\mu \neq 100$$

已知 $n = 9$ ，$\sigma = 1.2$ 千克，通过样本数据计算得到 $\overline{x} = 99.98$ 千克，则：

$$z = \frac{\overline{x} - \mu_0}{\sigma/\sqrt{n}} = \frac{99.98 - 100}{1.2/3} = -0.0556$$

取显著性水平 $\alpha = 0.05$ ，经查表得 $z_{0.025} = 1.96$ 。由于 $|-0.0556| < 1.96$ ，所以不拒绝原假设，即以当前样本，不能认为这一天机器包装机的工作不正常。

2. **解** 依题建立假设：

$$H_0:\mu = 8 \qquad \text{VS} \qquad H_1:\mu < 8$$

已知 $n = 100$ ，$\overline{x} = 6.5$ 小时，$s = 2$ 小时，则：

$$z = \frac{\overline{x} - \mu_0}{s/\sqrt{n}} = \frac{6.5 - 8}{2/\sqrt{100}} = -7.5$$

取显著性水平 $\alpha = 0.05$ ，经查表得 $z_{0.05} = 1.645$ 。由于 $z = -7.5 < -z_{0.05}$ ，因此拒绝 H_0，认为校长的看法是正确的。

3. **解** 设 μ_1 ，μ_2 分别为 70℃ 和 80℃ 下针织品的平均断裂强度，则依题提出假设：

$$H_0: \mu_1 = \mu_2 \qquad \text{VS} \qquad H_1: \mu_1 \neq \mu_2$$

已知 $n_1 = n_2 = 8$，经计算知 $\overline{x_1} = 20.4$，$\overline{x_2} = 19.375$，$s_1^2 = 0.8857$，$s_2^2 = 0.7879$，则：

$$s_w^2 = \frac{(n_1 - 1)s_1^2 + (n_2 - 1)s_2^2}{n_1 + n_2 - 2} = \frac{7 \times 0.8857 + 7 \times 0.7879}{14} = 0.8377$$

于是检验统计量：

$$t = \frac{\overline{x_1} - \overline{x_2}}{s_w \sqrt{\frac{1}{n_1} + \frac{1}{n_2}}} = \frac{20.4 - 19.375}{\sqrt{(\frac{1}{8} + \frac{1}{8}) \times 0.8377}} = 2.2398$$

经查表得 $t_{0.025}(14) = 2.145$，由于 $t > t_{0.025}(14)$，故拒绝 H_0，说明针织品在70°C时的平均断裂强力与80°C时的平均断裂强力之间是有显著差别的。

4. **解** (1)设 σ_1^2 和 σ_2^2 分别为甲、乙两车床生产的滚珠直径的总体方差，则依题建立的假设为：

$$H_0: \sigma_1^2 = \sigma_2^2 \qquad \text{VS} \qquad H_1: \sigma_1^2 \neq \sigma_2^2$$

已知 $n_1 = 8$，$n_2 = 9$，经过计算得到 $s_1^2 = 0.0955$，$s_2^2 = 0.0261$，则检验统计量为：

$$F = \frac{s_1^2}{s_2^2} = \frac{0.0955}{0.0261} = 3.659$$

查表知 $F_{0.025}(7,8) = 4.529$，$F_{0.975}(7,8) = 0.204$。由于 F 介于 $F_{0.025}(7,8)$ 和 $F_{0.975}(7,8)$ 之间，因此不拒绝 H_0，即以当前的样本数据不能说明甲、乙两车床生产的滚珠直径的总体方差有显著差异。

(2)依题建立如下假设：

$$H_0: \mu_1 = \mu_0 \qquad \text{VS} \qquad H_1: \mu_1 \neq \mu_2$$

根据(1)，这里假定 $\sigma_1^2 = \sigma_2^2$。经计算知 $\overline{x_1} = 15.0125$，$\overline{x_2} = 14.9889$，则：

$$s_w^2 = \frac{(n_1 - 1)s_1^2 + (n_2 - 1)s_2^2}{n_1 + n_2 - 2} = \frac{7 \times 0.0955 + 8 \times 0.0261}{15} = 0.0585$$

于是检验统计量：

$$t = \frac{\overline{x_1} - \overline{x_2}}{s_w \sqrt{\frac{1}{n_1} + \frac{1}{n_2}}} = \frac{15.0125 - 14.9889}{\sqrt{(\frac{1}{8} + \frac{1}{9}) \times 0.0585}} = 0.2008$$

经查表得 $t_{0.025}(15) = 2.131$，由于 $0 < t < t_{0.025}(15)$，故不拒绝 H_0，即不能认为甲、乙两车床生产的滚珠直径的平均值有显著差异。

5. **解** (1)依题建立假设：

$$H_0: \mu = 12 \qquad \text{VS} \qquad H_1: \mu \neq 12$$

已知 $n = 100$，$\overline{x} = 13.5$ 加仑，$s = 3.2$ 加仑，则：

$$z = \frac{\overline{x} - \mu_0}{s/\sqrt{n}} = \frac{13.5 - 12}{3.2/10} = 4.6875$$

由于 $z_{0.025} = 1.96$，$z > z_{0.025}$，所以拒绝原假设，当前样本足以说明平均加油量并非12加仑。

(2)设 Z 为标准正态随机变量，则(1)的检验 P 值为：

$$P\text{值} = P(|Z| > 4.6875) = 2P(Z > 4.6875) = 2[1 - \Phi(4.6875)] = 2(1 - 0.9999986) = 0.0000028$$

(3)建立假设：

$$H_0: \rho \geqslant 20\% \qquad \text{VS} \qquad H_1: \rho < 20\%$$

已知 $p=19\%$，查表知 $z_{0.05} = 1.645$，则：

$$z = \frac{p - \rho_0}{\sqrt{\frac{\rho_0(1-\rho_0)}{n}}} = \frac{19\% - 20\%}{\sqrt{\frac{20\% \times 80\%}{100}}} = -0.25 > -1.645 = -z_{0.05}$$

因此，在 0.05 的显著性水平下，不拒绝 H_0，即当前样本不足以说明购买无铅油的驾车者少于 20%。

(4)所求的 P 值为：

$$P\text{ 值} = P(Z < -0.25) = \Phi(-0.25) = 0.4013$$

(5)若 $n = 25$，则：

$$z = \frac{\bar{x} - \mu_0}{s/\sqrt{n}} = \frac{13.5 - 12}{3.2/5} = 2.34375 > z_{0.025}$$

故样本容量为 25，仍然拒绝(1)中的原假设。

$$z = \frac{p - \rho_0}{\sqrt{\frac{\rho_0(1-\rho_0)}{n}}} = \frac{19\% - 20\%}{\sqrt{\frac{20\% \times 80\%}{25}}} = -0.125 > -1.645 = -z_{0.05}$$

故样本容量为 25，仍然不拒绝(3)中的原假设。

6. **解** 设 μ_1，μ_2 分别为 2013 年和 2014 年新生儿的总体平均体重，则依题提出假设：

$$H_0: \mu_1 = \mu_2 \qquad \text{VS} \qquad H_1: \mu_1 \neq \mu_2$$

已知 $n_1 = n_2 = 50$，$\overline{x_1} = 3200$ 克，$\overline{x_2} = 3300$ 克，$\sigma_1 = \sigma_2 = 65$ 克，则：

$$z = \frac{\overline{x_1} - \overline{x_2}}{\sqrt{\frac{\sigma_1^2}{n_1} + \frac{\sigma_2^2}{n_2}}} = \frac{3200 - 3300}{\sqrt{\frac{65^2}{50} + \frac{65^2}{50}}} = -7.6923$$

由于 $|z| < z_{0.025} = 1.96$，故拒绝 H_0，认为新生儿体重在这两年中有显著的变化。

(2)设 Z 为标准正态随机变量，则检验 P 值为：

$$P\text{ 值} = P(|Z| > 7.6923) = 2P(Z > 7.6923) = 2[1 - \Phi(7.6923)] = 0.0000$$

由于 P 值远小于 0.05(几乎为 0)，因此拒绝 H_0，有非常强的证据表明新生儿体重在这两年中有显著的变化。

7. **解** 依题建立假设：

$$H_0: \mu = 82 \qquad \text{VS} \qquad H_1: \mu < 82$$

已知 $n = 32$，经计算知 $\bar{x} = 78.125$ 小时，$s = 9.1838$ 小时，则：

$$z = \frac{\bar{x} - \mu_0}{s/\sqrt{n}} = \frac{78.125 - 82}{9.1838/\sqrt{32}} = -2.3868 < -1.645 = -z_{0.05}$$

因此拒绝 H_0，认为该城市空气中悬浮颗粒的平均值显著低于过去的平均值。

8. **解** 设 μ_1，μ_2 分别为消费者看过电视广告和没有看过电视广告对产品的平均打分，则依题提出假设：

$$H_0: \mu_1 \leqslant \mu_2 \qquad \text{VS} \qquad H_1: \mu_1 > \mu_2$$

由题可知，这是一个配对样本下两总体均值检验问题。经计算知“看后”与“看前”打分差的样本均值 $\bar{d} = 0.625$，相应的标准差 $s_d = 1.30247$，则检验统计量为：

$$t = \frac{\overline{d}}{s_d / \sqrt{n}} = \frac{0.625}{1.30247/\sqrt{8}} = 1.357$$

查表知 $t_{0.05}(7) = 1.895$，由于 $t < t_{0.05}(7)$，故在显著性水平 $\alpha = 0.05$ 下，不拒绝 H_0，即以当前的样本信息，不能说明新的电视广告能提升商品的购买力。

9. **解** 设 ρ_1 和 ρ_2 分别表示男、女经理认为自己成功的人数比重。依题意提出假设：

$$H_0: \rho_1 = \rho_2 \qquad \text{VS} \qquad H_1: \rho_1 \neq \rho_2$$

已知 $n_1 = 95$，$m_1 = 39$，$n_2 = 100$，$m_2 = 24$，$p_1 = 39/95 = 41.05\%$，$p_2 = 39/95 = 24\%$，两个样本表示自己成功的联合比例为：

$$p = \frac{m_1 + m_2}{n_1 + n_2} = \frac{39 + 24}{95 + 100} = 32.31\%$$

检验统计量为：

$$z = \frac{p_1 - p_2}{\sqrt{p(1-p)(\frac{1}{n_1} + \frac{1}{n_2})}} = \frac{41.05\% - 24\%}{\sqrt{32.31\% \times (1 - 32.31\%) \times (\frac{1}{95} + \frac{1}{100})}} = 2.5447 > 1.96 = z_{0.025}$$

故在 $\alpha = 0.05$ 下，拒绝 H_0，表明男女经理认为自己成功的人数比重存在显著差异。

10. **解** (1)设 μ_1，μ_2 分别为施用新、旧肥料获得的平均产量，则检验假设为：

$$H_0: \mu_1 \leqslant \mu_2 \qquad \text{VS} \qquad H_1: \mu_1 > \mu_2$$

已知 $n_1 = n_2 = 20$，经计算知 $\overline{x_1} = 109.9$，$\overline{x_2} = 100.7$，$s_1^2 = 33.3579$，$s_2^2 = 24.1158$。

①当两总体方差相等，即 $\sigma_1^2 = \sigma_2^2$ 时，则总体方差的联合估计量为：

$$s_w^2 = \frac{(n_1 - 1)s_1^2 + (n_2 - 1)s_2^2}{n_1 + n_2 - 2} = \frac{19 \times 33.3579 + 19 \times 24.1158}{38} = 28.7369$$

则检验统计量：

$$t = \frac{\overline{x_1} - \overline{x_2}}{s_w \sqrt{\frac{1}{n_1} + \frac{1}{n_2}}} = \frac{109.9 - 100.7}{\sqrt{(\frac{1}{20} + \frac{1}{20}) \times 28.7369}} = 5.4271$$

查表知 $t_{0.05}(38) = 1.6860$，由于 $t > t_{0.05}(38)$，故拒绝 H_0，表明新肥料获得的平均产量显著高于旧肥料。

②当两总体方差不相等，即 $\sigma_1^2 \neq \sigma_2^2$ 时，则检验统计量为：

$$t = \frac{\overline{x_1} - \overline{x_2}}{\sqrt{\frac{s_1^2}{n_1} + \frac{s_2^2}{n_2}}} = \frac{109.9 - 100.7}{\sqrt{\frac{33.3579}{20} + \frac{24.1158}{20}}} = 5.4271$$

检验依据的 t 分布的自由度为：

$$v = (\frac{s_1^2}{n_1} + \frac{s_2^2}{n_2})^2 \Big/ \left[\frac{s_1^4}{n_1^2(n_1 - 1)} + \frac{s_2^4}{n_2^2(n_2 - 1)}\right] = (\frac{33.3579}{20} + \frac{24.1158}{20})^2 \Big/ \left[\frac{33.3579^2}{400 \times 19} + \frac{24.1158^2}{400 \times 19}\right] = 37.04$$

查表知，$t_{0.05}(37) = 1.6871$，由于 $t > t_{0.05}(37)$，故这里得出的结论与假定总体方差相等时相同，认为新肥料获得的平均产量显著高于旧肥料。

(2)依题建立的假设为：

$$H_0: \sigma_1^2 = \sigma_2^2 \qquad \text{VS} \qquad H_1: \sigma_1^2 \neq \sigma_2^2$$

检验统计量为：

$$F = \frac{s_1^2}{s_2^2} = \frac{33.3579}{24.1158} = 1.3832$$

查表知 $F_{0.025}(19,19)=2.5265$，$F_{0.975}(19,19)=0.3958$。由于 F 介于 $F_{0.025}(9,7)$ 和 $F_{0.975}(9,7)$ 之间，因此不拒绝 H_0，即以当前的样本数据，不能说明两种肥料下获得的农作物产量的方差有显著差异。

补充练习题

一、单项选择题

1. 某公司长期与一可靠供应商合作，该供应商声称其产品平均使用寿命 μ 大于 1000 小时，若合作的过程中检验该供应商是否属实，提出的检验假设为(　　)。

A. $H_0: \mu \geqslant 1000$ VS $H_1: \mu < 1000$　　B. $H_0: \mu > 1000$ VS $H_1: \mu \leqslant 1000$

C. $H_0: \mu \leqslant 1000$ VS $H_1: \mu > 1000$　　D. $H_0: \mu < 1000$ VS $H_1: \mu \geqslant 1000$

2. 在假设检验中，显著性水平 α 的意义是(　　)。

A. H_0 为真，经检验拒绝 H_0 的概率　　B. H_0 为真，经检验不拒绝 H_0 的概率

C. H_0 不成立，经检验拒绝 H_0 的概率　　D. H_0 不成立，经检验不拒绝 H_0 的概率

3. 对正态总体的数学期望 μ 进行假设检验，如果在显著性水平 $\alpha=0.05$ 下没有拒绝假设 $H_0: \mu=\mu_0$，则在显著性水平 $\alpha=0.1$ 下，下列结论正确的是(　　)。

A. 不拒绝 H_0　　B. 可能拒绝，也可能不拒绝 H_0

C. 必拒绝 H_0　　D. 以上均不正确

4. 在假设检验中，不拒绝原假设意味着(　　)。

A. 原假设肯定是正确的　　B. 原假设肯定是错误的

C. 没有充分证据证明原假设是正确的　　D. 没有充分证据证明原假设是错误的

5. 若假设检验 H_0：新工艺不比旧工艺好，H_1：新工艺好于旧工艺，则下列属于犯第Ⅱ类错误的是(　　)。

A. 新工艺较好，采用新工艺　　B. 新工艺较好，保留旧工艺

C. 新工艺不好，采用新工艺　　D. 新工艺不好，保留旧工艺

6. 将显著性水平所规定的拒绝域平分为两部分，置于概率分布的两边，每边占显著性水平的 $\frac{1}{2}$，这是(　　)。

A. 单侧检验　　B. 双侧检验　　C. 左侧检验　　D. 右侧检验

7. 假设检验的 P 值越小，(　　)。

A. 拒绝原假设的把握越大　　B. 拒绝原假设的把握越小

C. 拒绝备择假设的把握越大　　D. 拒绝备择假设的把握越小

8. 检验总体成数的假设：$H_0: \rho=0.3$ VS $H_1: \rho \neq 0.3$，由 $n=100$ 组成的一个随机样本，得到样本成数 $p=0.295$。用于检验的 P 值为 0.2，在 $\alpha=0.05$ 的显著性水平下，得到的结论是(　　)。

A. 拒绝 H_0　　B. 不拒绝 H_0

C. 可以拒绝，也可以不拒绝 H_0　　D. 可能拒绝与可能不拒绝 H_0

二、填空题

1. 某公司正与一新供应商洽谈合作事宜，该供应商声称其产品平均使用寿命 μ 大于 1000 小时，若要检验该供应商是否属实，提出的检验假设为______________________________。

2. 为检验假设 H_0： $\mu=10$ VS H_1：$\mu\neq 10$，从总体 $N(\mu, 1)$ 中抽取一样本容量为16的样本，计算得到的样本均值 $\overline{x}=12$，则在0.05的显著性水平下，检验的结论为________________。

3. 对于假设检验，在样本不变的情况下，减小犯第一类错误的概率，则犯第二类错误的概率会__________。

4. 为检验某批产品的不合格率是否超过规定的10%，从这批产品中随机抽取100件进行了解，发现15件为不合格品，则在0.05的显著性水平下，作出的检验结论为__________。

5. 对于一检验假设，根据具体样本计算得到的检验的 P 值为0.08，则在0.05的显著性水平下，作出的检验结论为__________________。

6. 假设某批灯泡的寿命服从均值为 μ 正态分布，从这批灯泡中随机抽取16只进行了解，测得它们的平均使用寿命为1492小时，标准差为100小时，则对于检验假设 H_0： $\mu\leqslant 1450$ VS H_1：$\mu>1450$，在0.05的显著性水平下，作出的结论是_______________。

7. 从总体 $N(\mu,\sigma^2)$（σ^2 未知）中随机抽取一容量为 n 的样本，得到的样本均值为 $\overline{x}$，标准差为 s，则对于检验假设 H_0： $\mu=\mu_0$ VS H_1：$\mu<\mu_0$，在显著性水平 α 下，拒绝域为________________________。

8. 关于总体成数 ρ 的检验假设 $H_0:\rho=\rho_0$ VS $H_1:\rho<\rho_0$，大样本时，用正态检验统计量 z 表达的显著性水平 α 下的拒绝域为________________________。

9. 设 z_0 为根据样本计算出的检验统计量 z 的具体取值，则对于右侧正态检验，检验的 P 值为____________。

10. 在检验假设中，P 值越小，拒绝原假设 H_0 的理由就越__________。

三、简答题

1. 简述显著性水平与拒绝域的关系。

2. 在单个总体均值的假设检验中，检验统计量要根据总体是否服从正态分布、总体方差是否已知，以及样本容量的大小来确定。说明在不同情况下分别需要使用何种检验统计量。

四、计算题

1. 某大型糖果生产企业，为了保证产品质量，新购置了一台包装机包装糖果每袋糖重是一个随机变量，它服从正态分布。当机器正常时，其均值为0.5千克，标准差为0.015千克。某日开工后为检验包装机是否正常，随机地抽取它所包装的糖9袋，称得净重为（千克）：

0.497　0.506　0.518　0.524　0.498　0.511　0.520　0.515　0.512

假定方差稳定不变，试在5%的显著性水平下检验当天包装机运行是否正常？

2. 如果能够证明某一电视连续剧在播出的前13周其观众的收视率超过了25%，则可以断定它获得了成功。假定由400个家庭所组成的一个样本中，有112个家庭在头13周看过了某电视连续剧。在 $\alpha=0.05$ 的显著性水平下，检验这部电视连续剧是否获得了成功。

3. 某企业2015年11月1日对12名员工的抽样调查表明，他们从居住地到达工作地点花费的时间如下（分钟）：

10，55，70，25，30，45，30，50，25，40，55，90

（1）计算数据的均值、中位数和众数。你认为哪一个结果最能反映这组数据的一般水平？为什么？

（2）已知总体服从正态分布，样本标准差等于22.1，计算总体均值95%的置信区间。

(3)根据以上数据,在5%的显著性水平下能否认为总体中职工的平均上班时间等于35分钟?

4.某大学有15000名学生,随机抽选6%,调查在校期间撰写论文或调查报告的篇数,经计算知,被调查学生平均每人撰写论文或调查报告的篇数为7篇,标准差为3篇,其中篇数不低于6篇的比重为80%,要求:

(1)在95%的置信水平下,估计全校学生在校期间平均每人撰写论文或调查报告的篇数的取值范围;

(2)若在学校评估中,规定篇数不低于6篇的比重应达到75%,问:在0.05的显著性水平下,该大学是否达标?

5.某大学为了了解学生每周上网的时间,在全校学生中随机抽取36人,调查他们每周上网的时间,得到数据如下表(单位:小时):

23.1	21.7	43.4	40.6	16.1	28.7	37.8	31.5	22.4
30.8	14	37.8	18.2	44.8	12.6	24.5	39.9	16.1
14.7	13.3	8.4	35.7	30.1	29.4	25.2	5.6	12.6
32.9	9.8	8.4	20.3	24.5	16.8	3.5	25.2	17.5

(1)根据以上数据,利用Excel得到如下结果:

平均	23.275
标准误差	1.867161
中位数	22.75
众数	16.1
标准差	11.20297
方差	125.5065
峰度	−0.86821
偏度	0.216518
区域	41.3
最小值	3.5
最大值	44.8
求和	837.9
观测数	36
最大(1)	44.8
最小(1)	3.5
置信度(95.0%)	3.790539

试在95%的置信水平下,求该校大学生平均每周上网时间的置信区间。

(2)在5%的显著性水平下,检验该校每周上网时间在15小时以上的学生的比例是否超过64%。

(3)如果要求估计平均每周上网时间的允许误差范围不超过3小时,估计每周上网时间在15小时以上的学生比例的允许误差范围不超过10%,置信水平仍为95%,试问应至少增加多少学生进行调查?

6. 一家物业公司需要购买一批灯泡，你接受了采购灯泡的任务。假如市场上有两种知名品牌的灯泡，你希望从中选择一种。为此，你从两个供应商处各随机抽取了 60 个灯泡的随机样本，进行了"破坏性"实验，得到灯泡寿命的数据，将这些数据整理得出如下两图及表所示。

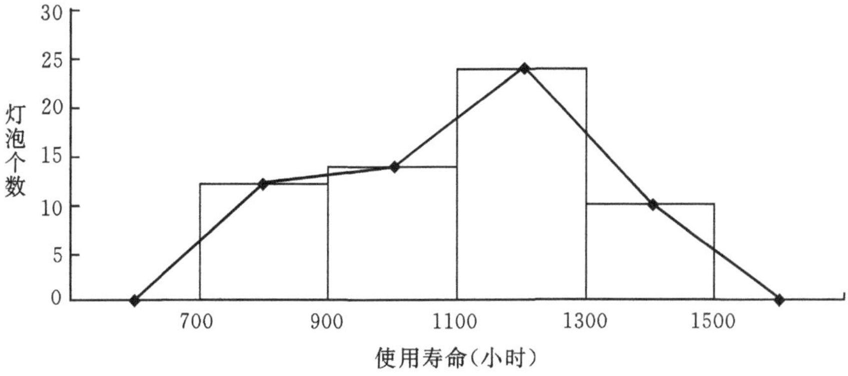

甲供应商 60 只灯泡使用寿命的直方图与折线图

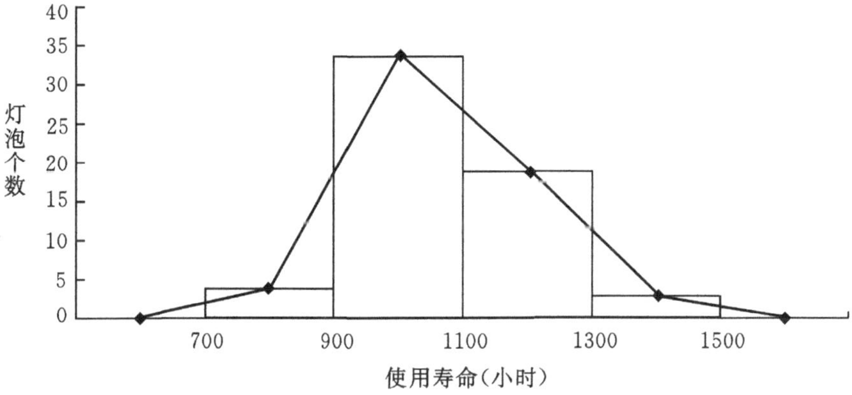

乙供应商 60 只灯泡使用寿命的直方图与折线图

甲、乙供应商 60 只灯泡使用寿命的集中程度与离散程度指标

	甲供应商	乙供应商
平均数	1110.27	1061.23
中位数	1159.50	1050
众数	769	912
标准差	209.77	154.26
方差	44004.20	23795.40
极差	755	752
最小值	714	732
最大值	1469	1484

(1)你认为应当采用哪一种集中程度的指标来分别描述甲、乙两个供应商灯泡寿命的一般水平？为什么？

(2)你认为物业公司应该选择哪个供应商？请说明你的理由。

第八章

方差分析

学习目的和要求

通过本章的学习，要了解方差分析的基本概念和作用，理解方差分析的基本原理和假定，掌握单因子方差分析和双因子方差分析的基本方法，并能结合 Excel、R 等统计软件，选择适当的方差分析方法对相关实际问题进行方差分析。

内容提要

一、方差分析的概念与基本原理

(一)方差分析的概念

方差分析是通过检验各总体的均值是否相等来判断分类自变量对数值因变量是否有显著影响的一种统计分析方法。

方差分析中涉及的分类自变量称为因子或因素；因子的每个取值称为水平或处理。只考虑一个因子的方差分析，称为单因子方差分析。同时考虑两个因子的方差分析称为双因子方差分析。

(二)方差分析的基本原理

1. **误差来源与分解**（见图 8－1）

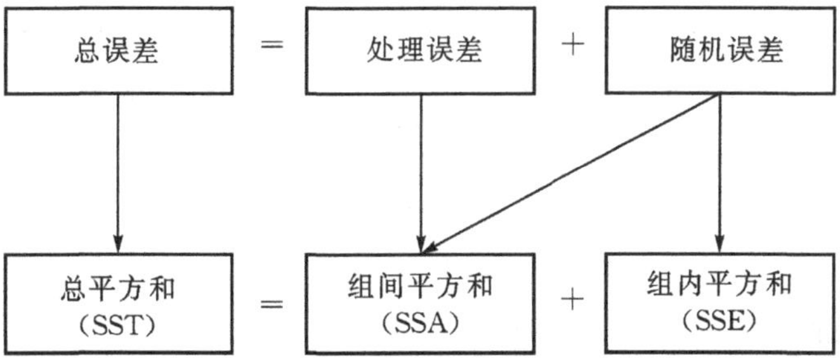

图 8－1　误差的来源及其分解

2. **误差分析**

总方差：

$$\mathrm{MST}=\frac{\mathrm{SST}}{n-1}=\frac{1}{n-1}\sum_{i=1}^{k}\sum_{j=1}^{n_i}(x_{ij}-\overline{x})^2 \tag{8.1}$$

组内方差：

$$\mathrm{MSE}=\frac{\mathrm{SSE}}{n-k}=\frac{1}{n-k}\sum_{i=1}^{k}\sum_{j=1}^{n_i}(x_{ij}-\overline{x_i})^2 \tag{8.2}$$

组间方差：

$$\mathrm{MSA}=\frac{\mathrm{SSA}}{k-1}=\frac{1}{k-1}\sum_{i=1}^{k}n_i(\overline{x_i}-\overline{x})^2 \tag{8.3}$$

要说明因子的不同水平之间是否有显著差异，关键就是要看组间误差中是否存在处理误差。如果组间误差中没有处理误差，则意味着组间的平均误差（即组间方差）与组内的平均误差（即组内方差）差别不大。因此，当组间方差与组内方差之间的比值显著大于 1，就可以认为因子的不同水平之间存在着显著差异，也就是自变量对因变量有影响。

（二）方差分析的基本假定

方差分析有三个基本假定，即正态性假定、方差齐性的假定、独立性的假定。其中方差分析对独立性的要求比较严格，若该假设得不到满足，方差分析的结果往往会受到较大影响。

二、单因子方差分析

（一）检验假设

单因子方差分析的检验假设为：

$H_0:\mu_1=\mu_2=\cdots=\mu_i=\cdots=\mu_k$（即自变量对因变量没有显著影响）

$H_1:\mu_i(i=1,\ 2,\ \cdots,\ k)$ 不全相等（即自变量对因变量有显著影响）

式中，μ_i 为第 i 个因子水平 A_i 对应的总体均值（$i=1,\ 2,\ \cdots,\ k$）。

（二）单因子方差分析表

单因子方差分析的内容可以通过单因子方差分析表（见表 8-1）来体现。

表 8-1　单因子方差分析表

<table>
<tr><th>误差来源</th><th>平方和</th><th>自由度 df</th><th>方差</th><th>F 统计量的样本值</th><th>拒绝域的临界值</th><th>检验的 P 值</th></tr>
<tr><td>组间（处理误差）</td><td>SSA</td><td>$k-1$</td><td>MSA</td><td rowspan="3">$F=\frac{\mathrm{MSA}}{\mathrm{MSE}}$</td><td rowspan="3">$F_\alpha(k-1,\ n-k)$</td><td rowspan="3">$P=P(F\geqslant\frac{MSA}{MSE})$（这里 F 为服从 $F(k-1,\ n-k)$ 的随机变量）</td></tr>
<tr><td>组内（随机误差）</td><td>SSE</td><td>$n-k$</td><td>MSE</td></tr>
<tr><td>总和</td><td>SST</td><td>$n-1$</td><td>——</td></tr>
</table>

（三）关系强度测度

方差分析涉及的自变量和因变量的关系强度可以通过 R^2 来体现，其计算公式为：

$$R^2 = \frac{\text{SSA}}{\text{SST}} = \frac{\sum_{i=1}^{k} n_i (\overline{x_i} - \overline{x})^2}{\sum_{i=1}^{k}\sum_{j=1}^{n_i} (x_{ij} - \overline{x})^2} \tag{8.4}$$

(四)多重比较

多重比较常采用最小显著差异法，其步骤为：

第一步：提出假设：$H_0:\mu_i = \mu_j$ VS $H_1:\mu_i \neq \mu_j$ 。

第二步：计算检验统计量 $\overline{x}_i - \overline{x}_j$ 。

第三步：计算 LSD，其公式为：

$$\text{LSD} = t_{\alpha/2}(n-k)\sqrt{\text{MSE}\left(\frac{1}{n_i} + \frac{1}{n_j}\right)} \tag{8.5}$$

第四步：给定显著性水平 α，作出决策。如果 $|\overline{x}_i - \overline{x}_j| \geqslant$ LSD，则拒绝 H_0；如果 $|\overline{x}_i - \overline{x}_j| <$ LSD，则不拒绝 H_0 。

三、双因子方差分析

(一)无交互作用的双因子方差分析

1. 检验假设

设 $\mu_{i\cdot}$ 为行因子的第 i 个水平对应的总体均值，则检验行因子时提出的检验假设为：

$H_0:\mu_{1\cdot} = \mu_{2\cdot} = \cdots = \mu_{i\cdot} = \cdots = \mu_{h\cdot}$(即行因子对因变量没有显著影响)

$H_1:\mu_{i\cdot}(i = 1,\ 2,\ \cdots,\ k)$ 不全相等(即行因子对因变量有显著影响)

设 $\mu_{\cdot j}$ 为列因子的第 j 个水平对应的总体均值，则检验列因子时提出的检验假设为：

$H_0:\mu_{\cdot 1} = \mu_{\cdot 2} = \cdots = \mu_{\cdot j} = \cdots = \mu_{\cdot r}$(即列因子对因变量没有显著影响)

$H_1:\mu_{\cdot j}(j = 1,\ 2,\ \cdots,\ r)$ 不全相等(即列因子对因变量有显著影响)

2. 无交互作用双因子方差分析表

表 8-2 无交互作用的双因子方差分析表

误差来源	平方和	自由度 df	方差	F 统计量的样本值	F 统计量的临界值	检验的 P 值
行因子(组间误差)	SSR	$k-1$	MSR	$F_R = \frac{\text{MSR}}{\text{MSE}}$	$F_\alpha(k-1,\ (k-1)(r-1))$	$P_R = P(F \geqslant F_R)$
列因子(组间误差)	SSC	$r-1$	MSC	$F_C = \frac{\text{MSC}}{\text{MSE}}$	$F_\alpha(r-1,\ (k-1)(r-1))$	$P_C = P(F \geqslant F_C)$
组内(随机误差)	SSE	$(k-1)(r-1)$	MSE	—	—	—
总和	SST	$n-1$	—	—	—	—

(二)有交互作用的双因子方差分析

1. 检验假设

设 $\mu_{i\cdot\cdot}$ 为行因子的第 i 个水平对应的总体均值,则检验行因子时提出的检验假设为:

$H_0:\mu_{1\cdot\cdot}=\mu_{2\cdot\cdot}=\cdots=\mu_{i\cdot}=\cdots=\mu_{k\cdot\cdot}$(即行因子对因变量没有显著影响)

$H_1:\mu_{i\cdot\cdot}(i=1,\ 2,\ \cdots,\ k)$ 不全相等(即行因子对因变量有显著影响)

设 $\mu_{\cdot j\cdot}$ 为列因子的第 j 个水平对应的总体均值,则检验列因子时提出的检验假设为:

$H_0:\mu_{\cdot 1\cdot}=\mu_{\cdot 2\cdot}=\cdots=\mu_{\cdot j\cdot}=\cdots=\mu_{\cdot r\cdot}$(即列因子对因变量没有显著影响)

$H_1:\mu_{\cdot j\cdot}(j=1,\ 2,\ \cdots,\ r)$ 不全相等(即列因子对因变量有显著影响)

设 $\gamma_{ij\cdot}$ 为行因子的第 i 个水平和列因子的第 j 个水平的搭配在一起的交互效应,则检验交互作用时提出的检验假设为:

$H_0:\gamma_{ij\cdot}=0\quad(i=1,\ 2,\ \cdots,\ k,\ \ j=1,\ 2,\ \cdots,\ r)$(即没有交互作用)

$H_1:\gamma_{ij\cdot}(i=1,\ 2,\ \cdots,\ k,\ \ j=1,\ 2,\ \cdots,\ r)$ 不全为 0(即有交互作用)

2. 有交互作用的双因子方差分析表(见表 8-3)

表 8-3 有交互作用的双因子方差分析表

误差来源	平方和	自由度 df	方差	F 统计量的样本值	F 统计量的临界值	检验的 P 值
行因子(组间误差)	SSR	$k-1$	MSR	$F_R=\dfrac{MSR}{MSE}$	$F_\alpha(k-1,\ kr(m-1))$	$P_R=P(F\geqslant F_R)$
列因子(组间误差)	SSC	$r-1$	MSC	$F_C=\dfrac{MSC}{MSE}$	$F_\alpha(r-1,\ kr(m-1))$	$P_C=P(F\geqslant F_C)$
交互作用	SSRC	$(k-1)(r-1)$	MSRC	$F_{RC}=\dfrac{MSRC}{MSE}$	$F_\alpha((k-1)(r-1),\ kr(m-1))$	$P_{RC}=P(F\geqslant F_{RC})$
组内(随机误差)	SSE	$kr(m-1)$	MSE	——	——	——
总和	SST	$n-1$	——	——	——	——

学习重点与难点

学习本章,要重点理解方差分析的基本原理,掌握单因子方差分析和双因子方差的基本步骤。本章的难点是方差分析中涉及的各类误差平方和、均方差及其自由度的计算,这需要熟练掌握 Excel、R 等统计软件的操作。因此学习本章,一定要结合理论,提高对计算机的实际应用能力。

教材"思考与练习"参考答案

一、单项选择题

1. C;2. D;3. C;4. C;5. B;6. A;7. B;8. D

二、思考题

1. **答:**方差分析就是通过检验各总体的均值是否相等来判断分类型自变量对数值因变量是否有显著影响的一种统计方法。

总体均值的 t 检验或 z 检验，一次只能研究两个样本，如果要检验多个总体的均值是否相等，那么作这样的两两比较将十分烦琐，工作量大，而且准确性也将会受到怀疑，因为每次检验犯第一类错误的概率都是 α 的话，那么做多次检验会使犯第一类错误的概率相应增加。而方差分析方法则是同时考虑所有的样本，这不仅排除了犯错误累积的概率，也提高了检验的效率。

2. **答**：方差分析有三个基本假定：

(1)正态性假定：对于因素的每一个水平，其观测值是来自正态分布总体的简单随机样本。

(2)方差齐性的假定：对于因素的每一个水平下的观测数据，是从具有相同方差的正态总体中抽取的。

(3)独立性假定：假定每个样本观测数据都是来自因子各水平的独立样本。

3. **答**：方差分析的基本原理就是要分析数据的总误差中有没有处理误差。如果处理(如不同的促销方式)对观测数据(如销售额)没有显著影响，意味着没有处理误差。这时每种处理对应的总体均值应该相等。如果存在处理误差，每种处理所对应的总体均值至少有一对不相等。

方差分析的基本步骤是：

(1)按要求提出方差分析的原假设和备择假设；

(2)计算总平方和、组内平方和和组间平方和及相应的均方差；

(3)计算检验统计量，它等于相应的组间方差除以组内方差；

(4)比较检验统计量的取值与拒绝域临界值的大小，据此作出检验决策。

三、计算题

1. **解** 设 μ_1，μ_2，μ_3，μ_4 分别为 4 台及其填装牛奶的平均容量，则有检验假设：

$$H_0: \mu_1 = \mu_2 = \mu_3 = \mu_4 \quad \text{VS} \quad H_1: \mu_1,\ \mu_2,\ \mu_3,\ \mu_4 \text{ 不全相等}$$

利用 Excel 进行单因子方差分析，得出的结果如下：

方差分析：单因素方差分析

SUMMARY

组	观测数	求和	平均	方差
列 1	4	16.12	4.03	0.000333
列 2	6	24.01	4.001667	0.000137
列 3	5	19.87	3.974	0.00033
列 4	4	16.02	4.005	0.000167

方差分析

差异源	SS	df	MS	F	P-value	F crit
组间	0.007076	3	0.002359	10.0984	0.000685	5.416965
组内	0.003503	15	0.000234			
总计	0.010579	18				

可以看到，$F = 10.0984$，明显大于其临界值 $F_{0.01}(3,15) = 5.417$，故拒绝 H_0(从 P 值为 0.000685，小于 0.01 也能判断出这点)，认为机器对填装量有显著影响。

2. **解** 设 μ_1，μ_2，μ_3 分别为新员工在 A、B、C 三种培训方式下组装产品的平均时间，则有检验假设：

$$H_0: \mu_1 = \mu_2 = \mu_3 \quad \text{VS} \quad H_1: \mu_1,\ \mu_2,\ \mu_3 \text{ 不全相等}$$

利用 R 软件求解本问题。在 R 中输入代码：

```
Y=c(8.8,9.3,8.7,9,8.6,8.3,9.5,9.4,9.2,8.2,6.7,7.4,8,8.2,7.8,8.8,
```

```
8.4,7.9,8.6,8.5,9.1,8.2,8.3,7.9,9.9,9.4)
X=factor(c(rep("A",9),rep("B",9),rep("C",8)))
fit=aov(Y~X)
summary(fit)
```

运行上述代码,得出如下结果:

```
             Df   Sum Sq   Mean Sq   F value   Pr(>F)
X             2    5.349    2.6746     8.275   0.00196 **
Residuals    23    7.434    0.3232
Signif. codes:  0 '***' 0.001 '**' 0.01 '*' 0.05 '.' 0.1 ' ' 1
```

从结果中可以看到,F 统计量为 8.275,检验的 P 值为 0.00196,明显小于 0.01,因此拒绝 H_0,认为不同的培训方式对产品组装的时间有显著影响。

下面进行多重比较。在 R 软件中输入代码:

```
pairwise.t.test(Y,X)
library(gplots)                  # 载入 gplots 程序包,要注意的是该包要实现安装
plotmeans(Y~X,p = 0.95,xlab = "培训方式",ylab = "产品组装时间")
```

运行结果为:

```
        Pairwise comparisons using t tests with pooled SD
data:   Y and X
     A      B
B 0.0022    -
C 0.3934 0.0157
P value adjustment method: holm
```

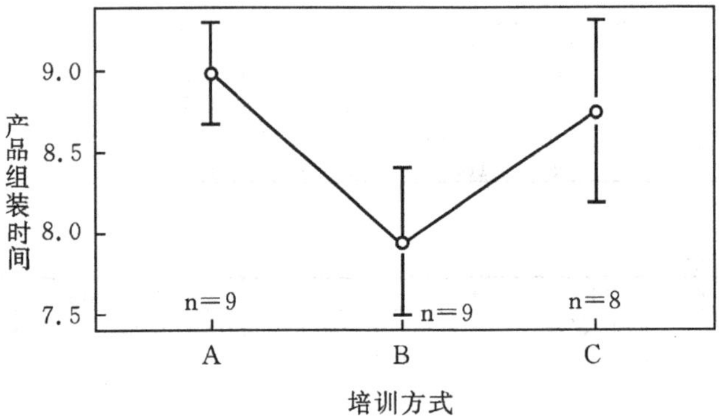

均值比较图

从多重比较的检验 P 值上看,B 与 A,B 与 C 之间的 P 值分别为 0.0022,0.0157,都比较小(均小于 0.05),因此 B 培训方式与 A,C 之间均有显著差异。再从均值比较图上看,B 培训方式的平均培训时间最小,因此 B 培训方式的效果最好。

3. **解** (1)由已知得,组间平方和 SSA、组内平方和 SSE 的自由度分别为:$f_A = 3-1 = 2$,$f_E = 30-3 = 27$,则:

$$SSA = MSA \cdot f_A = 210 \times 2 = 420 \text{ , } MSE = \frac{SSE}{f_E} = \frac{3836}{27} = 142.0741$$

$$SST = SSA + SSE = 420 + 3836 = 4256 \text{ , } F = \frac{MSA}{MSE} = \frac{210}{142.0741} = 1.4781$$

补全的方差分析表如下表所示：

差异源	SS	df	MS	F	P-value	F crit
组间	420	2	210	1.4781	0.245946	3.354131
组内	3836	27	142.0741	___	___	___
总计	4256	29	___	___	___	___

(2)建立假设：

$H_0: \mu_1 = \mu_2 = \mu_3$(三种组装方法组装的产品数没有显著差异)

$H_1: \mu_1, \mu_2, \mu_3$ 不全相等(三种组装方法组装的产品数没有显著差异)

由(1)可知，$F = 1.4781 < 3.354 = F_{0.05}(2,27)$，故不拒绝 H_0，认为当前样本不足以说明三种方法组装的产品数量之间有显著差异。

4. **解** 利用 Excel 求解本题，得出的计算结果（$\alpha = 0.05$）如下：

方差分析

差异源	SS	df	MS	F	P-value	F crit
行	19.067	4	4.76675	7.239716	0.003315	3.259167
列	18.1815	3	6.0605	9.204658	0.001949	3.490295
误差	7.901	12	0.658417			
总计	45.1495	19				

可以看到，$F_R = 7.2397$，大于其临界值 $F_{0.05}(4,12) = 3.259$，故拒绝行因子无差异的原假设(从 P 值小于 0.05 也能判断出这点)，认为种子的不同品种对收获量有显著影响。

$F_C = 9.2047$，大于其临界值 $F_{0.05}(3,12) = 3.490$，故拒绝列因子无差异的原假设(从 P 值小于 0.05 也能判断出这点)，认为不同施肥方案对收获量的影响也是显著的。

5. **解** 利用 Excel 求解本题，得出的计算结果（$\alpha = 0.01$）如下：

方差分析

差异源	SS	df	MS	F	P-value	F crit
行	1736.222	2	868.1111	34.30516	9.18E-08	3.402826
列	1078.333	3	359.4444	14.20417	1.57E-05	3.008787
交互	503.3333	6	83.88889	3.315038	0.01605	2.508189
内部	607.3333	24	25.30556			
总计	3925.222	35				

可以看到，$F_R = 34.30516$，大于其临界值 $F_{0.01}(2,24) = 3.403$，故拒绝行因子无差异的原假设(从 P 值小于 0.01 也能判断出这点)，认为超市的位置对其销售额的影响是显著的。

$F_C = 14.20417$，大于其临界值 $F_{0.01}(3,24) = 3.009$，故拒绝列因子无差异的原假设(从 P 值小于 0.01 也能判断出这点)，认为超市的竞争者数量对其销售额的影响是显著的。

$F_{RC} = 3.315038$，大于其临界值 $F_{0.01}(6,24) = 2.508$，故拒绝无交互作用的原假设(从 P 值小于 0.01 也能判断出这点)，认为超市的位置与竞争者数量之间的交互作用对销售额的影响也是显著的。

6. **解** 对温度因子的方差分析表（$\alpha = 0.05$）为：

差异源	SS	df	MS	F	P—value	F crit
组间	1860.76	4	465.19	6.7801	0.0002899	2.606
组内	2744.44	40	68.61			
总计	4605.20	44				

对催化剂因子的方差分析表($\alpha=0.05$)为:

差异源	SS	df	MS	F	P-value	F crit
组间	118.5	2	59.3	0.5548	0.5783	3.220
组内	4486.7	42	106.8			
总计	4605.2	44				

从上面的结果可以看到:温度因子对产品得率有显著影响,而催化剂因子对产品得率的影响不显著。这一结论与案例分析中的结论是不相符的,导致这一现象的主要原因是这里两个因子的单因子方差分析用到的数据都包含另一个因子的变动(温度的每一个处理下的数据是在不同催化剂下得到的,催化剂的每个处理下的数据是在不同温度下得到的),这样导致每个因子的单因子方差分析的结果都受到了另一个因子的影响,因此造成了这里的结论与案例分析的结论不相符。

此题说明在进行单因子方差分析时,应注意固定对因变量可能有影响的其他因子的水平,即用来分析的样本数据是在其他可能的影响因子保持在同一水平下所获得的观测数据。

补充练习题

一、单项选择题

1. 在方差分析中,组内平方和是指(　　)。

A. 各水平下理论平均数之间的离差平方和

B. 各水平的内部观察值与其相应的平均数的离差平方和

C. 由各水平效应不同所引起的离差平方和

D. 试验条件变化所引起的离差平方和

2. 在方差分析中,总平方和反映的是(　　)。

A. 由实验因素变化所引起的观察值之间的差异程度

B. 由随机波动所引起的观察值之间的差异程度

C. 各组离差平方的总和

D. 全部观察值之间的差异程度

3. 下列关于单因素方差分析的叙述,不正确的是(　　)。

A. 方差分析可以对若干平均值是否相等同时进行检验

B. 进行方差分析要求各水平下的样本容量相同

C. 总平方和能分解为组内平方和和组间平方和之和

D. 组间误差既含有不同处理所造成的误差,也含有样本的随机性所造成的误差

4. 方差分析中的 F 统计量是决策的根据,一般说来(　　)。

A. F 值越大,越有利于拒绝原假设接受备择假设

B. F 值越大,越有利于接受原假设拒绝备择假设

C. F 值越小,越有利于拒绝原假设接受备择假设

D. F 值越小，越不利于接受原假设拒绝备择假设

5. 在单因素方差分析中，若 SST=20，SSE=10，因素水平的个数 $k=4$，样本观测值总数 $n=20$，则 F 统计量的值为（　　）。

A. 2　　B. 2.375　　C. 5.33　　D. 6.33

6. 从两个总体中分别抽取 $n_1=7$ 和 $n_2=6$ 两个独立随机样本。经计算得到方差分析表，如下表所示：

差异源	SS	df	MS	F	P-value	F crit
组间	7.50	A	7.50	3.15	0.10	4.84
组内	26.19	B	2.38			
总计	33.69	12				

表中“A”单元格和“B”单元格内的结果是（　　）。

A. 2 和 9　　B. 1 和 11　　C. 2 和 10　　D. 2 和 11

二、填空题

1. 因子 A 有 5 个处理水平，在随机抽取容量为 30 的样本中，计算得到的组间平方和 SSA = 8，组内平方和 SSE = 10，则在 0.05 的显著性水平下，对该问题进行单因子方差分析的结论是________。

2. 对于单因子方差分析，涉及的因子水平的个数为 k，抽取的样本容量为 n，组内方差为 MSE，组间方差为 MSA，则在著性水平 α 下，单因子方差分析的拒绝域为________。

3. 在考虑交互作用的双因子方差分析中，行因子水平的个数为 k，列因子水平的个数为 r，则交互作用的方差 MSRC 的自由度为________。

4. 在单因子方差分析中，组间平方和 SSA = 120，总平方和 SST = 150，则判定系数 R^2 为________。

5. 在不考虑交互作用的双因子方差分析中，行因子水平的个数为 3，列因子水平的个数为 4，样本容量为 12，组内方差 MSE、行因子组间方差 MSA、列因子组间方差 MSB 分别为 20，30，50，则总平方和 SST 为________。

6. 方差分析的基本假定有正态性假定、独立性假定和________。

三、简答题

1. 要检验多个总体均值是否相等时，为什么不作两两比较，而用方差分析方法？

2. 单因子方差分析的实质是什么？并说明单因子方差分析的步骤。

四、计算题

1. 某公司管理者想比较 A、B、C、D 四种培训方案的效果，随机抽取了 48 个工人随机分配进行四种培训，将培训结束后每组工人每小时组织产品数进行方差分析，得到如下表结果：

差异源	SS	df	MS	F	P-value
组间	____	____	230	____	0.12
组内	4866	____	____		
总计	____	____			

(1) 完成上面的方差分析表，要求写出主要使用的公式；

(2)若显著性水平 $\alpha=0.05$，请问这四种培训方案效果是否有显著性差异。

2. 一家汽车制造商准备购进一批轮胎，考虑的因素主要有轮胎供应商牌和耐磨程度。为了对耐磨程度进行测试，分别在低速(40 公里/小时)，中速(80 公里/小时)，高速(120 公里/小时)下进行测试。根据对 5 家供应商抽取的轮胎随机样本对轮胎在行驶 1000 公里后磨损程度进行试验，在显著水平 $\alpha=0.01$ 下得到的有关结果如下表：

差异源	SS	df	MS	F	P-value	F crit
行	1.55	4	0.39			
列	3.48	2	1.74	21.72	0.000236	7.01
误差	0.14	8	0.02	97.68	0.000002	8.65
总计	5.17	14				

(1)不同的车速对磨损程度是否有显著影响？

(2)不同供应商的轮胎之间磨损程度是否显著差异？

(3)在上面的分析中，你都作了哪些假设？

3. 一种产品需要人工组装，现有三种可供选择的组装方法。为比较哪种方法更好，随机抽取 15 个工人，让他们分别用三种方法组装。下表是 15 个工人分别用三种方法在相同时间内组装产品数量(单位：个)的描述统计量：

方法 1		方法 2		方法 3	
平均	165.7	平均	129.1	平均	126.5
中位数	165	中位数	129	中位数	126.5
众数	164	众数	129	众数	126
标准差	2.45	标准差	1.20	标准差	0.85
峰值	−0.63	峰值	−0.37	峰值	0.11
偏斜度	0.38	偏斜度	−0.23	偏斜度	0.00
极差	8	极差	4	极差	3
最小值	162	最小值	127	最小值	125
最大值	170	最大值	131	最大值	128

(1)你认为应当采用哪一种集中程度的指标来分别描述三种方法组装产品数量的一般水平？试说明理由。

(2)仅根据以上信息，如果让你选择一种组装方法，你会作出怎样的选择？试说明理由。

(3)对抽到的 15 个工人分别用三种方法在相同时间内组装产品数量进行方差分析，得到的结果如下表：

差异源	SS	df	MS	F	F crit
组间	14873.64	2	7436.822	______	3.219942
组内	214.2667	42	5.101587		
总计	15087.91	44			

计算上表中空格处的数值，并分析方差分析的结果。

第九章 相关与回归分析

学习目的和要求

通过本章的学习，要了解相关关系和回归分析的基本概念，理解相关分析与回归分析的关系，掌握相关关系的方向与程度的判断方法，掌握线性回归分析的建模思想与方法，会应用Excel、R等统计软件建立线性回归模型，能根据计算机的结果对模型进行拟合优度的评价与参数的假设检验，能利用建立的回归模型对实际问题进行分析和预测。

内容提要

一、变量间的关系及其度量

(一)函数关系与相关关系

函数关系：变量之间的确定性关系，即给定其中一个或多个变量的取值，能够唯一地确定出另一个变量的取值，我们就称这个变量与其他变量之间的关系是确定性的函数关系。例如，圆的面积与圆的半径是一元函数关系，商品的销售额与其销售量、销售价格之间的关系是二元函数关系。

相关关系：变量之间的不确定性关系，即给定其中一个或多个变量取值，不能确定出另一个变量的取值，我们就称这个变量与其他变量之间的关系是不确定的相关关系。例如，人的体重与身高之间、居民的消费与其收入之间、商品的需求与其价格之间都是相关关系。

(二)相关关系的种类

相关关系按相关的程度可分为完全相关、不完全相关和不相关；相关关系按现象之间相关的方向可分为正相关关系和负相关关系；相关关系按相关的形式可分为线性相关和非线性相关；相关关系按所研究的变量多少可分为单相关、复相关和偏相关。

(三)相关系数

1. **定义**

总体相关系数：

$$\rho=\frac{\operatorname{Cov}(x,y)}{\sqrt{\operatorname{Var}(x)\cdot\operatorname{Var}(y)}} \tag{9.1}$$

样本相关系数：

$$r=\frac{\sum(x-\overline{x})(y-\overline{y})}{\sqrt{\sum(x-\overline{x})^2\cdot\sum(y-\overline{y})^2}} \tag{9.2}$$

2. 相关系数应用

相关系数 r 的取值范围在 -1 至 1 之间。r 的符号说明了线性相关的方向，$r>0$ 代表正相关，$r<0$ 代表负相关；$|r|$ 决定了线性相关的程度，$|r|$ 越大，线性相关的程度就越高，其中 $|r|=1$，代表完全线性相关。一般地有：

(1) $|r|\geqslant 0.8$，表明变量之间是高度相关；

(2) $0.5\leqslant |r|<0.8$，表明变量之间是中度相关；

(3) $0.3\leqslant |r|<0.5$，表明变量之间是低度相关；

(4) $|r|<0.3$，表明变量之间是不线性相关。

3. 相关系数的性质

(1) r 具有对称性，即 $r_{xy}=r_{yx}$ 。

(3) r 数值大小与 x 和 y 的原点及尺度无关。

(4) r 仅仅是 x 和 y 之间线性关系的一个度量，它不能用于描述非线性关系。

(5) r 虽然是两个变量之间线性关系的一个度量，却不一定意味着 x 和 y 一定有因果关系。

4. 样本相关系数的常用计算公式

$$r=\frac{\sum xy-n\overline{x}\,\overline{y}}{\sqrt{\left(\sum x^2-n\overline{x}^2\right)\left(\sum y^2-n\overline{y}^2\right)}}=\frac{n\sum xy-\sum x\sum y}{\sqrt{\left[n\sum x^2-\left(\sum x\right)^2\right]\left[n\sum y^2-\left(\sum y\right)^2\right]}} \tag{9.3}$$

二、一元线性回归分析

(一)一元线性回归模型的基本问题

1. 模型的形式

理论形式：

$$y=\beta_0+\beta_1 x+u \tag{9.4}$$

$\beta_0+\beta_1 x$ ——反映由于 x 的变化而引起的 y 的线性变化。斜率 β_1 表示 x 变化一个单位，y 平均变化的数量。

u ——是除 x 和 y 的线性关系以外的随机因素对 y 的影响，它体现了 y 的变异性。

样本形式：

$$\hat{y}=\hat{\beta}_0+\hat{\beta}_1 x \tag{9.5}$$

2. 随机误差项的来源

(1)模型中被忽略掉的影响因素造成的误差；

(2)模型关系设定不准确造成的误差；

(3)变量的测量误差；

(4)随机因素造成的误差。

3. 模型的基本假定

(1)零均值假定：$E(u)=0$。

(2)同方差的假定：$\mathrm{Var}(u)=\sigma^2$。

(3)序列不相关的假定：不同的 x 对应的 u 不相关。

(4) x 与 u 不相关的假定。

(5)正态性假定：$u \sim N(0,\ \sigma^2)$。

(二)参数的最小二乘估计

最小二乘估计准则：

$$\sum (y-\hat{y})^2=\sum (y-\hat{\beta}_0-\hat{\beta}_1 x)^2=\min \tag{9.6}$$

由此得到的一元线性回归模型的最小二乘估计量为：

$$\begin{cases}\hat{\beta}_1=\dfrac{\sum (x-\overline{x})(y-\overline{y})}{\sum (x-\overline{x})^2} \\ \hat{\beta}_0=\overline{y}-\hat{\beta}_1\overline{x}\end{cases} \tag{9.7}$$

其中通过等价变形，$\hat{\beta}_1$ 有如下等价计算公式：

$$\hat{\beta}_1=\frac{\sum xy-n\overline{x}\,\overline{y}}{\sum x^2-n\overline{x}^2}=\frac{n\sum xy-\sum x\sum y}{n\sum x^2-(\sum x)^2} \tag{9.8}$$

(三)回归直线的拟合优度

1. 判定系数

(1)总离差平方和的分解。

$$\sum (y-\overline{y})^2=\sum e^2+\sum (\hat{y}-\overline{y})^2 \tag{9.9}$$

其中 $\mathrm{TSS}=\sum (y-\overline{y})^2$ 称为总离差平方和，$\mathrm{RSS}=\sum (\hat{y}-\overline{y})^2$ 称为回归平方和，$\mathrm{ESS}=\sum e^2=\sum (y-\hat{y})^2$ 称为残差平方和。

(2)判定系数 R^2 的定义。

$$R^2=\frac{\mathrm{RSS}}{\mathrm{TSS}}=\frac{\sum (\hat{y}-\overline{y})^2}{\sum (y-\overline{y})^2} \tag{9.10}$$

R^2 在 0 至 1 之间，它说明了 y 的变差由于估计的回归方程解释的比例大小。其值越大，模型的拟合优度越高。

关于 R^2，常用如下简便公式进行计算：

$$R^2=\hat{\beta}_1^2\frac{\sum (x-\overline{x})^2}{\sum (y-\overline{y})^2}=\hat{\beta}_1^2\frac{s_x^2}{s_y^2} \tag{9.11}$$

(3)判定系数与相关系数的关系。

由(9.11)式很容易得到，判定系数 R^2 实际上是相关系数 r 的平方。但两者之间存在较大区别：①两者的意义不同：判定系数是针对回归模型而言，而相关系数度量的变量之间的关系程度；②描述变量间关系的对称性不同：判定系数不具对称性，而相关系数具有对称性；③两者取值范围不同。

2. 估计的标准误差

$$s_e = \sqrt{\frac{\sum (y-\hat{y})^2}{n-2}} = \sqrt{\frac{\text{ESS}}{n-2}} \tag{9.12}$$

s_e 是对随机误差项 u 的标准差 σ 的估计，同时它也反映了用估计的回归方程预测因变量 y 时预测误差的大小。

标准误差 s_e 的一个等价公式为：

$$s_e = \sqrt{\frac{\sum y^2 - \hat{\beta}_0 \sum y - \hat{\beta}_1 \sum xy}{n-2}} \tag{9.13}$$

(四)回归系数的显著性检验

检验假设：

$$H_0:\beta_1 = 0 \qquad \text{VS} \qquad H_1:\beta_1 \neq 0$$

检验统计量及其分布为：

$$t = \frac{\hat{\beta}_1}{s_{\hat{\beta}_1}} \sim t(n-2) \tag{9.14}$$

其中 $s_{\hat{\beta}_1}$ 称为 $\hat{\beta}_1$ 的标准误差，其计算公式为：

$$s_{\hat{\beta}_1} = \frac{s_e}{\sqrt{\sum (x-\overline{x})^2}} \tag{9.15}$$

检验规则为：

(1)当 $|t| \geqslant t_{\alpha/2}(n-2)$，拒绝 H_0，认为自变量 x 对因变量 y 有显著影响；

(2)当 $|t| < t_{\alpha/2}(n-2)$，不拒绝 H_0，表明自变量 x 对因变量 y 的影响不显著。

说明：关于常数项 β_0 的检验与上面类似，只是检验统计量中涉及的 $\hat{\beta}_0$ 的标准误差按下式计算：

$$s_{\hat{\beta}_0} = s_e \sqrt{\frac{\sum x^2}{n\sum (x-\overline{x})^2}} \tag{9.16}$$

(五)利用回归方程进行预测

1. 点预测

给定 $x = x_0$，y_0 的点预测值为：

$$\hat{y}_0 = \hat{\beta}_0 + \hat{\beta}_1 x_0 \tag{9.17}$$

2. 区间预测

(1)平均值 $E(y_0)$ 的 $1-\alpha$ 置信区间：

$$\hat{y}_0 \pm s_e \sqrt{\frac{1}{n} + \frac{(x_0-\overline{x})^2}{\sum (x-\overline{x})^2}}\, t_{\alpha/2}(n-2) \tag{9.18}$$

(2)个别值 y_0 的 $1-\alpha$ 置信区间：

$$\hat{y}_0 \pm s_e \sqrt{\frac{1}{n} + \frac{(x_0-\overline{x})^2}{\sum (x-\overline{x})^2}}\, t_{\alpha/2}(n-2) \tag{9.19}$$

三、多元线性回归分析

(一)多元线性回归模型

理论形式：

$$y=\beta_0+\beta_1x_1+\beta_2x_2+\cdots+\beta_kx_k+u \tag{9.20}$$

样本形式：

$$\hat{y}=\hat{\beta}_0+\hat{\beta}_1x_1+\hat{\beta}_2x_2+\cdots+\hat{\beta}_kx_k \tag{9.21}$$

说明 1:偏回归系数 β_i（$i=1,2,\cdots,k$）的含义表示在其他 $k-1$ 个自变量不变的情况下，x_i 变化一个单位，y 的平均变化量。

说明 2:多元线性回归模型基本假定除了包含一元线性元回归的五大假定外，还追加了一条无多重共线性的假定，即要求自变量 x_1，x_2，…，x_k 之间没有线性关系(或线性关系较弱)。

(二)参数的最小二乘估计

由于最小二乘估计准则得到的正规方程组为：

$$\begin{cases}\dfrac{\partial Q}{\partial \hat{\beta}_0}=-2\sum(y-\hat{\beta}_0-\hat{\beta}_1x_1-\hat{\beta}_2x_2-\cdots-\hat{\beta}_kx_k)=0\\ \dfrac{\partial Q}{\partial \hat{\beta}_i}=-2\sum x_i(y-\hat{\beta}_0-\hat{\beta}_1x_1-\hat{\beta}_2x_2-\cdots-\hat{\beta}_kx_k)=0,\quad i=1,2,\cdots,k\end{cases} \tag{9.22}$$

(三)回归方程的拟合优度

1. **多重判定系数**

$$R^2=\frac{\text{RSS}}{\text{TSS}}=1-\frac{\text{ESS}}{\text{TSS}} \tag{9.23}$$

在多元线性回归模型中，R^2 有缺陷，需调整，计算调整的判定系数 $\overline{R}^2$：

$$\overline{R}^2=1-\frac{\text{ESS}/(n-k-1)}{\text{TSS}/(n-1)} \tag{9.24}$$

2. **估计的标准误差**

$$s_e=\sqrt{\frac{\sum(y-\hat{y})^2}{n-k-1}}=\sqrt{\frac{\text{ESS}}{n-k-1}} \tag{9.25}$$

(四)回归模型的显著性检验

1. **线性关系的检验**

检验假设：

$H_0:\beta_0=\beta_1=\beta_2=\cdots=\beta_k=0$(因变量与自变量之间的整体线性关系不显著)

$H_1:\beta_0，\beta_1，\beta_2，\cdots，\beta_k$ 不全为 0(因变量与自变量之间的整体线性关系显著)

检验统计量及其分布：

$$F=\frac{\text{RSS}/k}{\text{ESS}/(n-k-1)}\sim F(k,\ n-k-1) \tag{9.26}$$

检验规则：

(1)若 $F\geqslant F_\alpha(k,\ n-k-1)$，拒绝 H_0，认为因变量与 k 个自变量之间的线性关系是显著的；

(2)若 $F < F_{\alpha}(k, n-k-1)$,不拒绝 H_0,表明因变量与 k 个自变量之间的线性关系不显著。

2. 回归系数的检验

检验假设:

$$H_0:\beta_i = 0 \qquad \text{VS} \qquad H_1:\beta_i \neq 0\ (i = 1,2,\cdots,k)$$

检验统计量及其分布为:

$$t_i = \frac{\hat{\beta}_i}{s_{\hat{\beta}_i}} \sim t(n-k-1) \tag{9.27}$$

检验规则与一元线性回归模型的相似。

四、非线性回归分析介绍

(一)常用的非线性回归模型

1. 多项式函数模型

2. 对数模型

3. 幂函数模型

4. 双曲线模型

5. S 曲线模型

(二)非线性回归模型转化为线性回归模型的方法

1. 变量代换法

2. 函数变换法

学习重点与难点

学习本章,要重点理解相关关系的概念,掌握相关系数的计算与应用方法,理解回归分析和最小二乘法的基本思想,掌握线性回归模型的拟合优度分析与假设检验的方法,掌握一元线性回归模型的预测方法。同时,本章涉及的相关指标和检验统计量在实际应用中的计算量比较大,因此要熟练掌握本章涉及的有关统计软件的操作方法,并能识别与分析计算机输入的结果。

教材"思考与练习"参考答案

一、单项选择题

1. C;2. B;3. C;4. D;5. A;6. D;7. A;8. A;9. B;10. D;11. A;12. C;13. A;14. A;15. B;16. D;17. C;18. C;19. D;20. C;21. C;22. B;23. A;24. A;25. D

二、思考题

1. 答:r 的取值范围在 -1 和 1 之间,即 $-1 \leqslant r \leqslant 1$ 。$r > 0$ 表明 x 和 y 之间存在正线性相关关系;$r < 0$ 表明 x 和 y 之间存在负线性相关关系;$|r| = 1$ 表明 x 和 y 之间为完全相关关系,其中 $r = 1$ 表示 x 和 y 之间是完全正线性相关关系,$r = -1$ 表示 x 和 y 之间是完全负线性相关关系;$r = 0$ 表明 x 和 y 之间不存在线性相关关系,但可能存在其他非线性相关关系。

$|r|$ 越接近于 1,说明两个变量之间的线性关系越强;$|r|$ 越接近于 0,说明两个变量之间的线性关系越弱。对于一个具体的 r 取值,根据经验可将相关程度分为以下几种情况:当 $|r| \geqslant 0.8$ 时,可视为高度相关;$0.5 \leqslant |r| < 0.8$ 时,可视为中度相关;$0.3 \leqslant |r| < 0.5$ 时,视为低度相关;当 $|r| < 0.3$ 时,说明两个变量之间的相关程度极弱,可视为不相关。但这种相关程度的划分必须建立在对相关系数的显著性进行检验的基础之上。

2.**答:**应注意以下两点:

(1) r 仅仅是 r 之间线性关系的一个度量,它不能用于描述非线性关系。这意味着,$r = 0$ 只表示两个变量之间不存在线性相关关系,并不说明变量之间没有任何关系,它们之间可能存在非线性相关关系。因此,当 $r = 0$ 或很小时,不能轻易得出两个变量之间不存在相关关系的结论,而应结合散点图作出合理的解释。

(2) r 虽然是两个变量之间线性关系的一个度量,却不一定意味着 r 一定有因果关系。例如,城镇居民的可支配收入和农村居民的可支配收入两者都在逐年增长,它们之间有很高的相关系数,但两者之间毫无疑问是没有因果关系的。

3.**答:**(1)相关分析与回归分析的联系:

①相关分析是回归分析的基础和前提,回归分析则是相关分析的深入和继续。相关分析可以表明变量间相关关系的性质和程度,只有当变量间存在相当程度的相关关系时,进行回归分析去寻求变量间相关的具体数学形式才有实际意义。同时,在进行相关分析时,如果要确定变量间相关的具体形式,又要依赖于回归分析,而且在多个变量的相关分析中相关系数的确定也是建立在回归分析的基础上的。

②相关分析与回归分析的有关指标之间存在计算上的内在联系。

(2)相关分析与回归分析的区别:

①二者的研究目的不同。相关分析是用一定的数量指标(相关系数)度量变量间相互联系的方向和程度;回归分析却是要寻求变量间联系的具体数学形式,是要根据自变量的固定值去估计和预测因变量的值。

②二者对变量的处理也不同。相关分析考虑的变量具有对称性,不考虑二者的因果关系,不区分自变量与因变量,相关的变量不一定具有因果关系,均视为随机变量。而回归分析必须明确划分自变量与因变量,对变量的处理是不对称的,且通常假定自变量事先给定,将其看做非随机变量。

4.**答:**我国水产品销售量和其价格的时间序列数据之间呈现的正相关关系属于单相关。

影响水产品需求量的主要因素除了价格外,还有收入水平。由于近年来,我国居民的收入水平大幅度上升,因此,尽管水产品价格上涨很快,水产品的需求量及销售量仍然增长很快。

要准确考察水产品需求量与价格之间的关系,应建立多元回归分析模型将价格和收入都作为需求量的解释变量。并采用一定方法,观察水产品需求量与价格之间的偏相关关系。

5.**答:**估计线性回归模型,通常需要作如下基本假定:

(1)零均值假定,即在自变量的值给定的情况下,随机误差项的数学期望为零;

(2)同方差假定,即对于不同的样本观测点,随机误差项的方差相同,为常数;

(3)无自相关假定,即对于不同的样本观测点,随机误差项彼此之间不相关;

(4)随机误差项与自变量之间不相关的假定;

(5)正态性假定,即随机误差项服从均值为零的正态分布;

(6)无多重共线性的假定,即自变量之间不存在线性关系。

6. **答**:(1)总平方和(TSS)是实际观测值 y_i 与其均值 $\overline{y}$ 的离差平方和,即 $TSS = \sum (y_i - \overline{y})^2$ 。

(2)回归平方和(RSS)是各回归值 $\hat{y}_i$ 与实际观测值的均值 $\overline{y}$ 的离差平方和,即 $RSS = \sum (\hat{y}_i - \overline{y})^2$ 。它反映了在 y 的变差中由于自变量 x 与因变量 y 之间的线性关系引起的 y 的变化部分,它是可以由回归直线来解释的 y 变差部分。

(3)残差平方和(ESS)是实际观测值与回归值 $\hat{y}_i$ 的离差平方和,即 $ESS = \sum (y - \hat{y}_i)^2$,它是除了 x 对 y 的线性影响之外的其他因素对 y 变差的作用,是不能由于回归直线来解释的 y 变差部分。

(4)三者之间的关系:总平方和(TSS)= 回归平方和(RSS)+ 残差平方和(ESS)。

7. **答**:(1)决定系数的含义:决定系数也叫判定系数或可决系数,它是回归平方和在总离差平方和中所占的比重,记为 R^2 ,其计算公式为:

$$R^2 = \frac{RSS}{TSS} = \frac{\sum (\hat{y}_i - \overline{y})^2}{\sum (y_i - \overline{y})^2}$$

(2)决定系数的作用:R^2 测度了回归直线对观测数据的拟合程度。若所有观测点都落在直线上,残差平方和 ESS=0, $R^2 = 1$,拟合是完全的;如果 y 的变化与 x 无关,x 完全无助于解释 y 的变差,此时 $\hat{y}_i = \overline{y}$, $R^2 = 0$ 。可见 R^2 的取值范围为[0, 1]。R^2 越接近于1,表明回归平方和占总离差平方和的比例越大,回归直线与各观测点越接近,用 x 的变化来解释 y 值变差的部分就越多,回归直线的拟合程度就越好;反之,R^2 越接近于0,回归直线的拟合程度就越差。

8. **答**:对回归分析结果的评价可以从以下四个方面入手:

(1)所估计的回归系数的符号及取值是否与理论或事先预期的范围相一致;

(2)如果理论上认为因变量 y 与自变量 x 之间的关系不仅是正的,而且统计上是显著的,那么所建立的回归方程也应该如此;

(3)用判定系数 R^2 来回答回归模型在多大程度上解释了因变量 y 取值的差异;

(4)考察回归背后的基本假定(如同方差、序列不相关、正态性假定等)是否成立,因为回归模型估计与检验是在这些假定成立的前提下进行的,如果这些假定不满足,则模型涉及的各项检验(如 t 检验和 F 检验)将会失效,使得估计得到模型失去价值。

9. **答**:所谓的无多重共线性,是指在多元线性回归模型中,自变量 x_1, x_2, …, x_k 之间没有线性关系(或线性关系较弱),即线性无关。

无多重共线性的假定得不到满足,即 x_1, x_2, …, x_k 之间有较强的线性关系,可能会造成模型的参数估计不够稳定,回归分析的结果混乱,参数估计的正负号与预期相反甚至参数估计量不可得等严重后果。

10. **答**:利用回归模型进行预测,影响预测精度的因素有以下几个方面:

(1)置信水平 $1-\alpha$ 大小。置信水平 $1-\alpha$ 越高,置信区间和预测区间就越宽,预测就不精确。

(2)标准误差 s_e 的大小。它反映了随机误差项 u 的标准差 σ 大小,其值越小,置信区间和预测区间就越窄,预测精确度越高。

(3)样本容量 n 的大小。样本容量越大,预测越准确,预测精度就越高。

(4)自变量的变差 $\sum(x-\overline{x})^2$ 的大小。它反映了自变量 x 的变异程度,其值越大,自变量 x 取值的灵活性和广泛性就越强,据此建立的回归模型更可靠,预测的精度就越高。

(5)用于预测的自变量的取值 x_0 与自变量的样本观测值的均值 $\overline{x}$ 的差异程度。当 $x_0=\overline{x}$ 时,置信区间和预测区间的宽度是最小的,此时预测最精确,而随着 x_0 远离 $\overline{x}$,置信区间和预测区间的宽度都逐渐增大预测精度下降。

三、计算题

1. **解**(1)

$$\hat{\beta}_1=\frac{n\sum xy-\sum x\sum y}{n\sum x^2-(\sum x)^2}=\frac{10\times 924.8-9.4\times 959}{10\times 9.28-(9.4)^2}=52.5676$$

$$\hat{\beta}_0=\overline{y}-\hat{\beta}_1\overline{x}=\frac{959}{10}-52.5676\times\frac{9.4}{10}=46.4865$$

故建立的线性回归方程为:

$$\hat{y}=46.4865+52.5676x$$

(2) $R^2=\hat{\beta}_1^2\dfrac{\sum(x-\overline{x})^2}{\sum(y-\overline{y})^2}=\hat{\beta}_1^2\dfrac{\sum x^2-n\overline{x}^2}{\sum y^2-n\overline{y}^2}=52.5676\times\dfrac{9.28-10\times(0.94)^2}{93569-10\times(95.9)^2}=0.7664$

残差平方和

$\text{ESS}=(1-R^2)\sum(y-\overline{y})^2=(1-R^2)\left(\sum y^2-n\overline{y}^2\right)=(1-0.7664)\times(93569-10\times95.9^2)$
$=373.9702$

判定系数为 0.7664,说明产量的总变动中能由建立的回归模型来解释的部分达到 76.64%,未解释的部分占 23.36%。

(3)检验假设为:

$$H_0:\beta_1=0 \quad \text{VS} \quad H_1:\beta_1\neq 0$$

$$s_e=\sqrt{\frac{\text{ESS}}{n-2}}=\sqrt{\frac{373.9702}{8}}=6.8371$$

$$s_{\hat{\beta}_1}=\frac{s_e}{\sqrt{\sum x^2-n\overline{x}^2}}=\frac{6.8371}{\sqrt{9.28-10\times 0.94^2}}=10.2608$$

$$t=\frac{\hat{\beta}_1}{s_{\hat{\beta}_1}}=\frac{52.5676}{10.2608}=5.1231>2.306=t_{0.025}(8)$$

故拒绝原假设,认为 $\beta_1\neq 0$,即产量与施肥量之间有显著的线性关系。

(4)由于施肥量的单位为 10 公斤,因此这里取 $x_0=1$,则:

$$\hat{y}_0=46.4865+52.5676\times 1=99.0541\text{(公斤)}$$

则农作物亩产量的 95%预测区间为:

$$\hat{y}_0\pm s_e\sqrt{1+\frac{1}{n}+\frac{(x_0-\overline{x})^2}{\sum(x-\overline{x})^2}}\,t_{\alpha/2}(n-2)$$

$=99.0541\pm 6.8371\times\sqrt{1+\dfrac{1}{10}+\dfrac{(1-0.94)^2}{9.28-10\times 0.94^2}}\times 2.306=99.0541\pm 16.5967=$

[79.4574 , 118.6508](公斤)

2.解(1)多元回归方程为:

$$\hat{y} = 7589.1025 - 117.8861x_1 + 80.6107x_2 + 0.5012x_3$$

回归系数−117.8861的意义为在其他两种因素不变的情况下,销售价格每增加1单位,销售量会平均减少117.8861单位。

其他回归系数类似解释。

(2)回归方程的线性关系显著,因为其检验的P值为8.88341×10^{-13},明显小于0.05。

(3)因为各回归系数显著性检验的P值均小于0.05,因此各回归系数的均显著不为0。

(4)检验假设为:

$$H_0:\beta_1 = 0 \quad \text{VS} \quad H_1:\beta_1 < 0$$

由于单侧检验的P值是相应双侧检验P值的一半,因此上述检验的P值为:

$$\frac{0.00103}{2} = 0.000515 < 0.01$$

所以在0.01的显著性水平下,销售价格的回归系数显著小于0。

(5) $$\overline{R}^2 = 1 - \frac{\text{ESS}/(n-k-1)}{\text{TSS}/(n-1)} = 1 - \frac{1431812.6/26}{13458586.7/29} = 0.8813$$

调整的判定系数为0.8813,说明销售量的总变动中的88.13%可由建立的回归模型驾驶,未被模型解释的部分占11.87%。

3.解 (1)

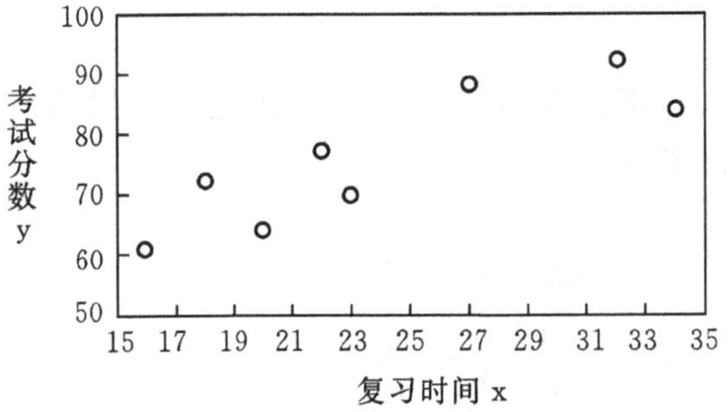

关系形态:两者呈正线性相关性。

(2) $$r = \frac{\sum(x-\overline{x})(y-\overline{y})}{\sqrt{\sum(x-\overline{x})^2\sum(y-\overline{y})^2}} = \frac{440}{510.3763} = 0.8621$$

这说明复习的时间与考试分数高度相关。

(3) $$\hat{\beta}_1 = \frac{\sum(x-\overline{x})(y-\overline{y})}{\sum(x-\overline{x})^2} = \frac{440}{294} = 1.4966$$

$$\hat{\beta}_0 = \overline{y} - \hat{\beta}_1\overline{x} = 76 - 1.4966\times24 = 40.0816$$

因此y关于x的线性回归方程为:

$$\hat{y} = 40.0816 + 1.4966x$$

$\hat{\beta}_0 = 40.0816$表明学生考前不复习,直接考试,所得到的分数的平均数为40.0816分;

$\hat{\beta}_1 = 1.4966$说明复习时间每增加1小时,考试分数平均增加1.4966分。

4.**解** (1)

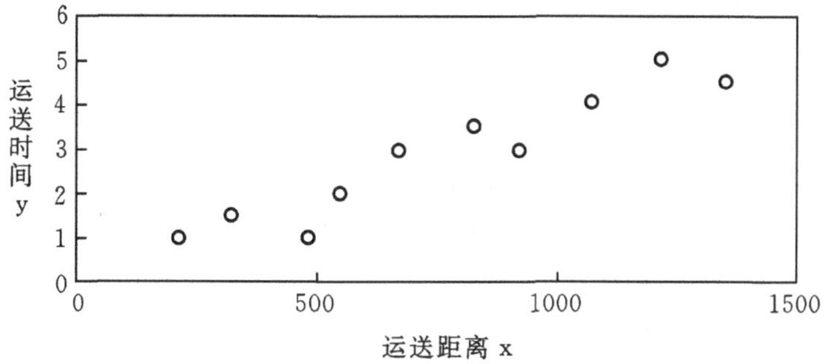

关系形态:两者呈正线性相关性。

(2) $$r=\frac{\sum(x-\overline{x})(y-\overline{y})}{\sqrt{\sum(x-\overline{x})^2\sum(y-\overline{y})^2}}=\frac{4653}{\sqrt{1297860\times18.525}}=0.9489$$

这说明运送时间与运送距离呈高度线性相关。

(3)利用R软件,得出如下回归分析的结果:

```
Coefficients:
  Estimate    Std. Error    t value      Pr(>|t|)
(Intercept) 0.1181291  0.3551477     0.333          0.748
x  0.0035851     0.0004214     8.509       2.79e-05 ***
---
Signif. codes:  0 '***' 0.001 '**' 0.01 '*' 0.05 '.' 0.1 ' ' 1
Residual standard error: 0.48 on 8 degrees of frccdom
Multiple R-squared:  0.9005,    Adjusted R-squared:  0.8881
F-statistic:  72.4 on 1 and 8 DF,  p-value: 2.795e-05
```

从结果中可以看到,$R^2=0.9005$,表明模型的拟合优度较高。常数项的t检验的P值为0.748,说明检验未通过;自变量x的回归系数t检验的P值为0.0000279,这是一个极小的P值,说明其检验通过,表明运送距离对运送时间有显著影响。

$\hat{\beta}_1=0.0036$表明运送距离每增加1km,运送时间将平均增加0.0036天。

5.**解** (1)

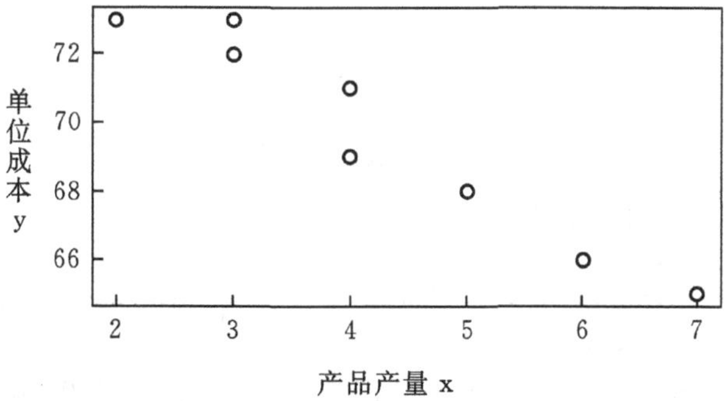

种类:负线性相关关系。

(2) $$\hat{\beta}_1=\frac{\sum(x-\overline{x})(y-\overline{y})}{\sum(x-\overline{x})^2}=\frac{-35.25}{19.5}=-1.8077$$

$$\hat{\beta}_0=\overline{y}-\hat{\beta}_1\overline{x}=69.625+1.8077\times 4.25=77.3077$$

因此 y 关于 x 的线性回归方程为：

$$\hat{y}=77.3077-1.8077x$$

(3)由(2)中的回归方程知，每当产品产量增加 1 万件时，单位成本平均减少 1.8077 元/件。

(4) $$R^2=\hat{\beta}_1^2\frac{\sum(x-\overline{x})^2}{\sum(y-\overline{y})^2}=1.8077^2\times\frac{19.5}{67.875}=0.9388$$

$R^2=0.9388$，表明单位成本的总变动中的 93.88%可由建立的回归模型解释，未被模型解释的部分占 6.12%。

(5) $$\text{ESS}=(1-R^2)\sum(y-\overline{y})^2==(1-0.9388)\times 67.875=4.15395$$

$$s_e=\sqrt{\frac{\text{ESS}}{n-2}}=\sqrt{\frac{4.15395}{6}}=0.8321\ (\text{元/件})$$

(6)当 $x_0=8$ 万件时，

$$\hat{y}_0=77.3077-1.8077\times 8=62.8461\ (\text{元/件})$$

置信水平 $1-\alpha=95.45\%$ 时，$t_{\alpha/2}(6)=2.5165$，于是单位成本的 95.45%预测区间为：

$$\hat{y}_0\pm s_e\sqrt{1+\frac{1}{n}+\frac{(x_0-\overline{x})^2}{\sum(x-\overline{x})^2}}t_{\alpha/2}(n-2)$$

$$=62.8461\pm 0.8321\times\sqrt{1+\frac{1}{8}+\frac{(8-4.25)^2}{19.5}}\times 2.5165=62.8461\pm 2.8588=[59.9873,$$

$65.7049]$ (元/件)

6. 解 (1)

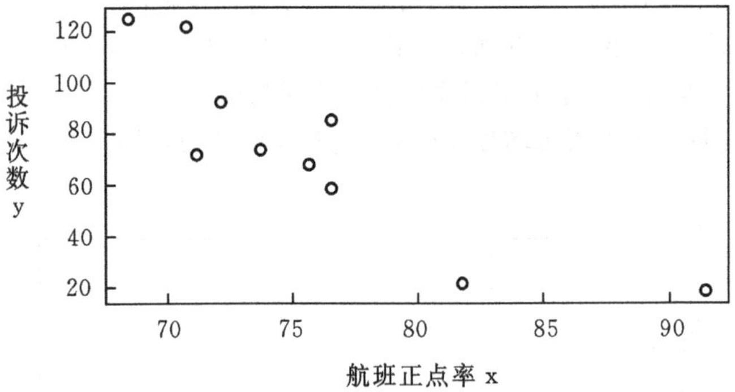

关系形态：两者呈负线性相关性。

(2) $$\hat{\beta}_1=\frac{\sum(x-\overline{x})(y-\overline{y})}{\sum(x-\overline{x})^2}=\frac{-1866.26}{397.024}=-4.700623$$

$$\hat{\beta}_0=\overline{y}-\hat{\beta}_1\overline{x}=73.6+4.700623\times 75.86=430.1893$$

因此 y 关于 x 的线性回归方程为：

$$\hat{y}=430.1893-4.7006x$$

$\hat{\beta}_1=-4.7006$ 表明航班正点率每提高一个百分点,顾客投诉次数平均减少 4.7006 次。

(3) $s_e=\sqrt{\dfrac{\sum(y-\hat{y})^2}{n-2}}=\sqrt{\dfrac{\sum y^2-\hat{\beta}_0\sum y-\hat{\beta}_1\sum xy}{8}}$

$$=\sqrt{\frac{65796-430.1893\times 736+4.700623\times 53966.7}{8}}=18.8871$$

$$s_{\hat{\beta}_1}=\frac{s_e}{\sqrt{\sum(x-\bar{x})^2}}=\frac{18.8871}{\sqrt{397.024}}=0.9479\ ,\ s_{\hat{\beta}_0}=s_e\sqrt{\frac{\sum x^2}{n\sum(x-\bar{x})^2}}$$

$$=18.8871\sqrt{\frac{57994.42}{397.024\times 10}}=72.1544$$

$$t_1=\frac{\hat{\beta}_1}{s_{\hat{\beta}_1}}=\frac{-4.7006}{0.9479}=-4.959\ ,\ t_0=\frac{\hat{\beta}_0}{s_{\hat{\beta}_0}}=\frac{430.1893}{72.1544}=5.962$$

由于 $|t_0|$,$|t_1|>2.306=t_{0.025}(8)$,故 β_0 ,β_1 的 t 检验均通过,即 β_0 和 β_1 均显著不为 0。

(4)当 $x_0=80$ 时,顾客投诉次数的估计值为:

$$\hat{y}_0=430.1893-4.7006\times 80=54.1413$$

(5)顾客投诉次数的 95%置信区间为:

$$\hat{y}_0\pm s_e\sqrt{\frac{1}{n}+\frac{(x_0-\bar{x})^2}{\sum(x-\bar{x})^2}}t_{\alpha/2}(n-2)$$

$$=54.1413\pm 18.8871\times\sqrt{\frac{1}{10}+\frac{(80-78.56)^2}{397.024}}\times 2.306=54.1413\pm 16.4798=[37.6615,70.6211]$$

顾客投诉次数的 95%预测区间为:

$$\hat{y}_0\pm s_e\sqrt{1+\frac{1}{n}+\frac{(x_0-\bar{x})^2}{\sum(x-\bar{x})^2}}t_{\alpha/2}(n-2)$$

$$=54.1413\pm 18.8871\times\sqrt{1+\frac{1}{10}+\frac{(80-78.56)^2}{397.024}}\times 2.306=54.1413\pm 46.5672=$$

[7.5741,100.7085]

7.**解** (1)利用 R 软件,得出如下回归结果:

```
Coefficients:
   Estimate   Std. Error t value   Pr(>|t|)
(Intercept)  88.6377     1.5824  56.016     2.17e-09 * * *
x1   1.6039      0.4778      3.357      0.0153 *
- - -
Signif. codes:  0 ‘* * *’ 0.001 ‘* *’ 0.01 ‘*’ 0.05 ‘.’ 0.1 ‘ ’ 1
Residual standard error: 1.215 on 6 degrees of freedom
Multiple R-squared:  0.6526,     Adjusted R-squared:  0.5946
F-statistic: 11.27 on 1 and 6 DF,  p-value: 0.01529
```

由此可知建立的回归方程为:$\hat{y}=88.6377+1.6039x_1$

(2)通过 R 软件得到的回归结果如下:

Coefficients:

```
Estimate    Std. Error t value      Pr(>|t|)
(Intercept) 83.2301     1.5739      52.882    4.57e-08 * * *
x1            2.2902      0.3041     7.532    0.000653 * * *
x2            1.3010      0.3207     4.057    0.009761 * *
- - -
Signif. codes:  0 '* * *' 0.001 '* *' 0.01 '*' 0.05 '.' 0.1 ' ' 1
Residual standard error: 0.6426 on 5 degrees of freedom
Multiple R-squared:  0.919,     Adjusted R-squared:  0.8866
F-statistic: 28.38 on 2 and 5 DF,   p-value: 0.001865
```

由此可知建立的回归方程为：$\hat{y} = 83.2301 + 2.2902x_1 + 1.3010x_2$

(3)不相同。(1)中的系数表明电视广告费用每增加1万元，月销售额平均增加1.6039万元；(2)的系数表明在报纸广告费用不变的情况下，电视广告费用每增加1万元，月销售额平均增加2.2902万元。

(4)从(2)回归结果中可以看到，$\overline{R}^2 = 0.8866$，这表明在销售收入的总变差中，被估计的回归方程所解释的比例达到88.66%。

(5)从上面的回归结果可以看到，(2)所建立的回归方程的各个系数t检验的P值均在0.01以下，因此，在1%的显著性水平下，回归系数的t检验均通过。

8. **解** 设x_1，x_2，x_3分别代表该公司牙膏销售价格，其他厂家的平均价格和该公司的广告费用，y代表该公司牙膏的销售量。

(1)利用Excel进行回归分析，结果如下：

回归统计	
Multiple R	0.469220295
R Square	0.220167685
Adjusted R Square	0.192316531
标准误差	0.612239472
观测值	30

方差分析					
	df	SS	MS	F	Significance F
回归分析	1	2.963146	2.963146	7.905155	0.008902
残差	28	10.49544	0.374837		
总计	29	13.45859			

	Coefficients	标准误差	t Stat	P-value
Intercept	21.62429127	4.710949	4.59022	8.5E−05
X Variable 1	−3.54528102	1.260943	−2.81161	0.008902

由此建立的回归方程为：

$$\hat{y} = 21.62 - 3.55x_1$$

(2)利用 Excel 进行回归，结果如下：

回归统计	
Multiple R	0.910358607
R Square	0.828752793
Adjusted R Square	0.816067815
标准误差	0.292165946
观测值	30

方差分析

	df	SS	MS	F	Significance F
回归分析	2	11.15384	5.576921	65.3334	4.51E−11
残差	27	2.304745	0.085361		
总计	29	13.45859			

	Coefficients	标准误差	t Stat	P-value
Intercept	13.6082062	2.392415	5.688062	4.83E−06
X Variable 1	−4.00862593	0.603589	−6.64132	3.98E−07
X Variable 2	2.468555078	0.252007	9.795594	2.21E−10

由此建立的回归方程为：

$$\hat{y} = 13.61 - 4.01x_1 + 2.47x_2$$

(3)利用 Excel 进行回归，结果如下：

回归统计	
Multiple R	0.945311298
R Square	0.893613451
Adjusted R Square	0.88133808
标准误差	0.234669374
观测值	30

方差分析

	df	SS	MS	F	Significance F
回归分析	3	12.02677	4.008925	72.79727	8.88E−13
残差	26	1.431813	0.05507		
总计	29	13.45859			

	Coefficients	标准误差	t Stat	P-value
Intercept	7.589102507	2.445021	3.1039	0.004567
X Variable 1	−2.35772279	0.637947	−3.6958	0.001028
X Variable 2	1.612214396	0.295353	5.458608	1.01E−05
X Variable 3	0.501151696	0.125874	3.981383	0.000491

由此建立的回归方程为：

$$\hat{y} = 7.59 - 2.36x_1 + 1.61x_2 + 0.50x_3$$

(4)显然，上述(1)、(2)、(3)所建立的估计方程，公司销售价格的系数不相同。

在(1)中回归系数 $\hat{\beta}_1 = -3.55$ 是指该公司销售价格每提高 1 元，牙膏的销售量平均每周期下降 355 万条。

在(2)中回归系数 $\hat{\beta}_1 = -4.01$ 是指在其他厂家平均价格不变的情况下，该公司销售价格每提高 1 元，牙膏的销售量平均每周期下降 401 万条。

在(3)中回归系数 $\hat{\beta}_1 = -2.36$ 是指在其他厂家平均价格和公司投入的广告费用不变的情况下，该公司销售价格每提高 1 元，牙膏的销售量平均每周期下降 236 万条。

(5)根据 Excel 回归结果可知，在 0.05 的显著性水平下，变量 x_2 和 x_3 回归系数的 t 检验均通过(其 P 值均明显小于 0.05)，并且将变量 x_2 和 x_3 加入模型中所建立回归模型调正的判定系数 $\bar{R}^2 = 0.8936$，明显高于其他两个模型，这说明增加变量 x_2 和 x_3，模型的拟合优度提高明显。另外，从 F 检验上也可以看出，考虑变量 x_2 和 x_3 的回归模型，F 检验值最高，检验的 P 值最小，说明增加变量 x_2 和 x_3，模型的整体显著性提高。综上所述，(3)所建立的回归模型最为合理。

(6)根据经济意义，在其他因素不变的情况，提高销售价格，该产品的销售一般会下降，因此，对公司的销售价格进行 t 检验，应进行单侧检验中的左侧检验，检验假设为：

$$H_0: \beta_1 = 0 \quad \text{VS} \quad H_1: \beta_1 < 0$$

在(3)中，由 Excel 计算结果可知，回归系数 β_1 在进行双侧 t 检验时的 P 值 $= 0.001028$，于是，对 β_1 进行上述左侧检验的 P 值 $= \frac{0.001028}{2} < \alpha = 0.01$，所以在 $\alpha = 0.01$ 的显著性水平下，拒绝原假设，认为该公司销售量与其销售价格之间存在负线性关系(销售量随着其销售价格的增加而减少)。

(7)当 $x_1 = 4$ 元，$x_2 = 4.2$ 元，$x_3 = 7.5$ 百万元时，

$$\hat{y} = 7.59 - 2.36 \times 4 + 1.61 \times 4.2 + 0.50 \times 7.5 = 8.69\text{(百万条)}$$

故在公司制定题中所述决策时，该种牙膏的每周期销售量预计将达到 869 万条。

补充练习题

一、单项选择题

1. 下面关系中不是相关关系的是(　　)。

A. 身高与体重之间的关系　　B. 工资水平与工龄之间的关系

C. 农作物单位面积产量与降雨量的关系　　D. 圆的面积与半径之间的关系

2. 如果变量之间的关系近似地表现为一条直线，则称这两个变量之间为(　　)。

A. 正线性相关关系　　B. 负线性相关关系

C. 线性相关关系　　D. 非线性相关关系

3. 下面关于相关系数的陈述中，哪一个是错误的？(　　)

A. 数值越大说明两个变量之间的关系越强

B. 仅仅是两个变量之间线性关系的一个度量，不能用于描述非线性关系

C. 不一定意味着两个变量之间一定有因果关系

D. 绝对值不会大于1

4. 如果相关系数 $r=0$，则表明两个变量之间(　　)。

A. 相关程度很低　　B. 不存在任何关系

C. 不存在线性相关关系　　D. 存在非线性相关关系

5. 在一元线性回归方程 $\hat{y}=\hat{\beta}_0+\hat{\beta}_1 x$ 中，回归系数 $\hat{\beta}_1$ 的实际意义是(　　)。

A. 当 $x=0$ 时，y 的期望值　　B. 当 x 变动一个单位时，y 的平均变动数量

C. 当 x 变动一个单位时，y 增加的总数量　　D. 当 y 变动一个单位时，x 的平均变动数量

6. 在用回归方程进行估计推算时(　　)。

A. 只能用因变量推算自变量　　B. 只能用自变量推算因变量

C. 不须考虑因变量和自变量问题　　D. 自变量和因变量可相互推算

7. 下列直线回归方程与相关系数不匹配的是(　　)。

A. $\hat{y}=0.9-0.5x$，$r=0.9$　　B. $\hat{y}=-0.9+0.5x$，$r=0.9$

C. $\hat{y}=-0.9-0.5x$，$r=-0.9$　　D. $\hat{y}=2+0.5x$，$r=0.9$

8. 估计标准误差说明回归直线的代表性，因此(　　)。

A. 估计标准误差数值越大，说明回归直线的代表性越大

B. 估计标准误差数值越大，说明回归直线的代表性越小

C. 估计标准误差数值越小，说明回归直线的代表性越小

D. 估计标准误差数值越小，说明回归直线的实用价值小

9. 根据某地区2007—2015年农作物种植面积(x)与农作物产值(y)，可以建立一元线性回归模型，估计结果得到判定系数 $R^2=0.9$，回归平方和 RSS $=90$，则回归模型的均方差残差(残差平方和与相应自由度的比值)为(　　)。

A. 1.429　　B. 1.667　　C. 10　　D. 12.857

10. 下列关于一元线性回归模型中某特定自变量 x_0 对应的因变量平均值 $E(y_0)$ 的置信区间和个别值 y_0 的预测区间的说法，正确的是(　　)。

A. x_0 越远离其均值，预测区间越窄

B. 样本容量越大，预测精度越高

C. 样本容量越大，预测精度越低

D. 样本容量一定时，平均值的置信区间比个别值的预测区间宽

二、填空题

1. 投掷硬币100次，正面出现的次数为 x，反面出现的次数为 y，则 x 与 y 之间的相关系数为__________。

2. 随机抽取8名女大学生，测得她们的身高 x(单位：厘米)和体重 y(单位：千克)满足：$\sum xy=71990$，$\sum x^2=218774$，$\sum x^2=24116$，$\overline{x}=165$，$\overline{y}=54$，则女大学生的身高与

体重的样本相关系数为__________。

3. 若 x 与 y 的相关系数为 0.9，则 y 与 $-3x+2$ 的相关系数为__________。

4. 已知在某线性回归模型中，回归平方和为 4854，残差平方和为 146，则该模型的判定系数 $R^2=$ ____ 。

5. 应用某市 1983—2014 年人均可支配收入与人均消费支出的数据资料建立的一元线性消费函数，估计结果得到判定系数 $R^2=0.99$，总离差平方和 $TSS=480$，则随机误差项 u 的标准差的估计值为__________。

6. 某汽车生产商欲了解广告费用(x)对销售量(y)的影响，收集了过去 12 年的有关数据。通过计算得到回归平方和为 16200，残差平方和为 3800，则汽车的广告费用与销售量之间的相关系数为__________。

7. 利用样本容量为 25 的一组样本建立的三元线性回归模型中，计算的判定系数为 0.86，则调整后的判定系数为__________。

8. 用一组样本建立的变量 y 与 x 之间的样本回归模型为 $\hat{y}=-1.5+2x$，且变量 x 与 y 的样本方差分别为 13.5 和 60，则模型的判定系数为__________。

9. 随机抽查了 8 家企业，测得其产品产量 x(单位：万件)与单位成本 y(单位：元/件)之间的线性回归方程为 $\hat{y}=77-2x$，模型的标准误差 $s_e=0.8$ 元/件，且 x 的样本均值为 4 万件，样本方差为 3 万件。则当某企业的产量为 7 万件时，其单位成本的 95%置信区间为____________________。

10. 若某一元线性回归模型的估计标准误差 $s_e=0$，则该模型的样本相关系数为__________。

11. 按相关的方向，变量之间的相关关系可以分为正相关与__________。

12. 在一元线性回归模型中，关于随机误差项，经典的假定有零均值假定、同方差的假定、自变量与随机误差项不相关的假定、正态性假定和________________。

三、计算题

1. 设销售成本 x 为自变量，销售收入 y 因变量。现根据百货公司 12 个月的有关资料计算出以下数据(单位：万元)：

$$\sum(x-\overline{x})(y-\overline{y})=3000,\ \sum(x-\overline{x})^2=2000,\ \sum(y-\overline{y})^2=4600,\ \overline{x}=50,\ \overline{y}=66$$

(1)建立销售收入与销售成本的一元线性回归模型，并说明常数项的符号与你期望的经济意义是否相符，为什么？

(2)计算模型的判定系数 R^2。

(3)在 5%的显著性水平下，作 y 与 x 之间线性关系的 t 检验。

2. 设人均收入 x 为自变量，人均消费 y 为因变量。现根据某地 12 个住户的有关资料计算出以下数据：(单位：元)

$$\sum(x-\overline{x})^2=425053.73,\ \sum(y-\overline{y})^2=262855.25$$

$$\sum(x-\overline{x})(y-\overline{y})=334229.09,\ \overline{x}=647.88,\ \overline{y}=549.8$$

(1)拟合简单线性回归方程，并解释方程中回归系数的经济意义。

(2)计算判定系数和回归估计的标准误差，并作简单评析。

(3)对 x 的回归系数进行显著性检验。

(4)假定人均收入为 800 元，利用拟合的回归方程预测相应的人均消费水平。并给出置信度为 95%的预测区间。

3. 根据收集到的 10 户家庭的收入 x(单位:百元)与消费 y(单位:百元)的数据计算的结果如下:

$$\sum xy = 2574 \text{ , } \overline{x} = 29.3 \text{ , } \overline{y} = 8.1 \text{ , } s_x^2 = 110.23 \text{ , } s_y^2 = 4.99$$

(1)估计 y 关于 x 的线性回归方程,并说明斜率项的经济含义;

(2)计算模型的判定系数,并作简单评析;

(3)在 95%的置信度下,预测当 $x = 4500$ 元时,消费 y 的取值范围。

4. 研究中国各地区入境旅游状况,建立了各省市旅游外汇收入(y ,百万美元)、旅行社职工人数(x_1 ,人)、国际旅游人数(x_2 ,万人次)的模型,用某年 31 个省市的截面数据估计结果如下(括号内的数字表示参数估计量的标准误差):

$$\hat{y} = -151.026 + 0.186x_1 + 1.560x_2$$

$$(-3.067) \quad (0.031) \quad (0.520)$$

$$R^2 = 0.932 \qquad \overline{R}^2 = 0.928$$

(1)说明修正的可决系数 $\overline{R}^2 = 0.928$ 的含义;

(2)在 5%显著性水平下,检验外汇收入与旅行社职工人数的线性关系是否显著成立;

(3)国际旅游人数越多,外汇收入越高吗? 试在 5%的显著性水平下进行检验。

5. 为研究体重与身高的关系,某学校随机抽样调查了 51 名学生(其中 36 名男生,15 名学生),并得到如下两种回归模型:

$$\hat{W} = -232.06551 + 5.5662h \tag{a}$$

$$t \text{ 检验的 } P \text{ 值} = (0.0000) \ (0.0000)$$

$$\hat{W} = -122.9621 + 23.8238D + 3.7402h \tag{b}$$

$$t \text{ 检验的 } P \text{ 值} = (0.0064)(0.0001)(0.0000)$$

其中,W 表示体重(单位:磅),h 表示身高(单位:英寸),虚拟变量

$$D = \begin{cases} 1, & \text{男} \\ 0, & \text{女} \end{cases}$$

(1)你将选择哪个模型? 为什么?

(2)如果模型(b)确实更好,而你选择了(a),你犯了什么错误?

(3)D 的系数说明了什么?

6. 研究人员通过随机调查取得了 50 名从业人员的月收入和月消费支出的数据。用 Excel 进行回归分析(支出为因变量,收入为自变量)部分结果如以下两表所示。

回归统计	
R Square	0.9188
Adjuested R Square	0.9171
标准误差	229.1852
观测值	50

	Coefficents	标准误差	t Stat	P-value
Intercept	191.91	82.04	2.34	0.0235
收入	0.62	0.03	23.30	0.0000

(1)计算收入和支出的相关系数；

(2)根据本题的经济意义，对收入进行 t 检验时应该进行单侧检验还是双侧检验？写出原假设和备择假设。根据 Excel 的计算结果，如果 $\alpha=0.01$，检验的结论如何？

(3)写出回归方程的表达式，说明回归系数的含义，并计算月收入为 3000 元时的平均支出。

附录“补充练习题”参考答案

第一章　总论

一、单项选择题

1. C；2. A；3. A；4. B；5. D；6. B；7. D；8. D；9. C；10. B；11. B；12. C

二、判断题

1. ×；2. ×；3. ×；4. ×；5. √；6. √；7. √；8. ×

三、填空题

1. 差异性；2. 同质性；3. 统计学；4. 110%；5. 110%；6. 5.26%

四、简答题

1. 答：(1)描述统计是研究如何取得、加工整理和显示数据资料，进而通过综合、概括与分析得出反映客观现象的规律性数量特征的科学。

(2)推断统计是研究如何根据样本数据去推断总体数量特征的方法，它是在对样本数据进行描述的基础上，对总体未知的数量特征作出以概率论为基础的推断和估计。

(3)两者的关系：描述统计学和推断统计学是现代统计学的两个组成部分，相辅相成、缺一不可。描述统计学是统计学的基础和前提，推断统计学是现代统计学的核心和关键。

2. 答：在教师总体中，教师有各种标志表现。“职业”这一标志，在各个教师中的表现是相同的，即同质性，在这里，“职业”这一标志为不变标志。“工资”、“性别”、“年龄”等，在各个教师中的表现是不相同的，即差异性，这里“工资”等标志为可变标志。

如果没有不变标志，就无法构成总体；如果不存在可变标志，即所研究的统计现象总体在各单位之间不存在任何差异，那么就无须作调查，无须进行统计研究了。总体的同质性是问题研究的基础，而总体的差异性则是问题研究的本体。

3. 答：(1)这一研究的总体是IT行业的所有从业者。

(2)月收入是数值变量，因为它能量化；消费支付方式不能量化，且无好坏、大小之分，所以它是分类变量。

(3)这一研究涉及的是截面数据。因为它研究的是同一时间上IT行业的1000位从业者的数据资料。

第二章　统计数据的搜集与整理

一、单项选择题

1. D；2. C；3. C；4. D；5. B；6. C；7. D；8. C；9. B；10. A；11. A；12. D

二、多项选择题

1. BCE;2. ABE;3. ABCDE;4. ABE;5. ABD

三、判断题

1. √　2. √　3. ×　4. ×　5. ×　6. ×　7. √　8. ×　9. ×　10. ×

四、填空题

1. 155；2. 统计分组；3. 90；4. 100%

五、计算题

解 题中数据的最大值为49,最小值为25,因此可将30名工人分成5组:25～30,30～35,35～40,40～45,45～50,则形成的次数分布数列及相应的累计次数和累计频率如下表:

零件数(个)	次数(人)	频率(%)	向上累计		向下累计	
			次数(人)	频率(%)	次数(人)	频率(%)
25～30	3	10	3	10	30	100
30～35	6	20	9	30	27	90
35～40	9	30	18	60	21	70
40～45	8	27	26	87	12	40
45～50	4	13	30	100	4	13
合计	30	100	——	——	——	——

第三章　统计数据分布特征的描述

一、单项选择题

1. C;2. C;3. B;4. B;5. A;6. B;7. A;8. D;9. D;10. A;11. B;12. C

二、判断题

1. ×　2. √　3. √　4. √　5. √　6. √　7. √　8. √　9. √　10. ×

三、填空题

1. 20元；2. 94.28%；3. 75；4. 77.5；5. 1；6. 403；7. $2\sqrt{2}$；

8. 10.1%；9. 0；10. 47；11. 3.29%；12. 8

四、简答题

1. 答:二者的相同点:均是算术平均数,其基本含义都是总体标志总量除以总体单位总数。

二者的区别是:

(1)运用的资料的特征不同:简单算术平均数运用的资料是没有经过分组,而加权算术平均数运用的资料是经过分组后的资料;

(2)适用的总体的特征不同:简单算术平均数适用于小总体,而加权算术平均数适用于大总体;

(3)平均数所受的影响因素的个数不同:简单算术平均数只受标志值的影响,而加权算术平均数不仅受标志值的影响,还要受权数(次数)的影响。

二者的联系是:简单算术平均数是加权算术平均数的特例,加权算术平均数是简单算术平均数的推广。

2. 见教材“思考与练习”中思考题第 6 题的答案。

五、计算题

1. **解** (1)甲企业平均成本：

$$\overline{X}_{甲}=\sum X\frac{f}{\sum f}=11\times 22\%+13\times 30\%+15\times 28\%+17\times 20\%=13.9\ (元/件)；$$

乙企业平均成本：

$$\overline{X}_{乙}=\frac{n}{\sum\frac{1}{X}}=\frac{4}{\frac{1}{11}+\frac{1}{13}+\frac{1}{15}+\frac{1}{17}}=13.6\ (元/件)$$

(2)计算可见甲企业平均成本高于乙企业，这是因为两企业的产量结构不同引起的。甲企业高成本(14 以上)的产量比重为 48%，而乙企业只有：

$$\left(\frac{1}{15}+\frac{1}{17}\right)/\left(\frac{1}{11}+\frac{1}{13}+\frac{1}{15}+\frac{1}{17}\right)=42.8\%$$

由于权数的作用，甲企业的平均成本高于乙企业。

2. **解** 120～125 是出现次数最多的组，因此众数在 120 至 125 之间，因此有：

$$M_o=X_L+\frac{\Delta_1}{\Delta_1+\Delta_2}d=120+\frac{6}{6+4}\times 5=123\ (件)$$

向上累计次数可知中位数也在 120～125 的组，故：

$$M_e=X_L+\frac{\frac{\sum f}{2}-S_{m-1}}{f}d=120+\frac{25-16}{14}\times 5=123.21\ (件)$$

3. **解** (1)政治经济学考试的平均成绩为：

$$\overline{X}_1=\frac{\sum Xf}{\sum f}=\frac{5\times 2+4\times 9+3\times 5+2\times 4}{20}=3.45\ (分)$$

统计学考试的平均成绩为：

$$\overline{X}_2=\frac{\sum Xf}{\sum f}=\frac{55\times 2+65\times 3+75\times 8+95\times 2}{20}=76\ (分)$$

(2) $$\sigma_1=\sqrt{\frac{\sum(X-\overline{X})^2 f}{\sum f}}$$

$$=\sqrt{\frac{(5-3.45)^2\times 2+(4-3.45)^2\times 9+(3-3.45)^2\times 5+(2-3.45)^2\times 4}{20}}$$

$=0.92$(分)

$$V_1=\frac{\sigma_1}{\overline{X}_1}\times 100\%=\frac{0.92}{3.45}\times 100\%=27\%$$

$$\sigma_2=\sqrt{\frac{\sum(X-\overline{X})^2 f}{\sum f}}$$

$$=\sqrt{\frac{(55-76)^2\times 2+(65-76)^2\times 3+(75-76)^2\times 8+(85-76)^2\times 5+(95-76)^2\times 2}{20}}$$

$=10.91$(分)

$$V_2=\frac{\sigma_2}{\overline{X}_2}\times 100\%=\frac{10.91}{76}\times 100\%=14\%$$

因为 $V_1>V_2$,所以统计学考试的平均成绩的代表性高于政治经济学。

4.解(1)甲单位工人的平均日产量为:

$$\overline{X}_{甲}=\frac{\sum Xf}{\sum f}=\frac{1\times 120+2\times 60+3\times 20}{200}=1.5\text{(件/人)}$$

乙单位工人的平均日产量为:

$$\overline{X}_{乙}=\frac{\sum m}{\sum \frac{1}{X}m}=\frac{180}{\frac{30}{1}+\frac{120}{2}+\frac{30}{3}}=1.8\text{(件/人)}$$

可见,乙单位工人的生产水平高于甲。

(2) $\sigma_{甲}=\sqrt{\dfrac{\sum(X-\overline{X})^2 f}{\sum f}}=\sqrt{\dfrac{(1-1.5)^2\times 120+(2-1.5)^2\times 60+(3-1.5)^2\times 20}{200}}$

$=0.6708$(件/人)

$$V_{甲}=\frac{\sigma_{甲}}{\overline{X}_{甲}}\times 100\%=\frac{0.6708}{1.5}\times 100\%=44.72\%$$

由(1)中计算乙单位工人的平均日产量的过程知,乙单位日产量为1、2、3件的工人人数分别为30人、60人和10人,故:

$$\sigma_{乙}=\sqrt{\frac{\sum(X-\overline{X})^2 f}{\sum f}}=\sqrt{\frac{(1-1.8)^2\times 30+(2-1.8)^2\times 60+(3-1.8)^2\times 10}{100}}$$

$=0.6$(件/人)

$$V_{乙}=\frac{\sigma_{乙}}{\overline{X}_{乙}}\times 100\%=\frac{0.6}{1.8}\times 100\%=33.33\%$$

可见,乙单位工人的生产水平的整齐程度也高于甲。

第四章　时间数列

一、单项选择题

1. A;2. B;3. C;4. D;5. A;6. B;7. B;8. D;9. C;10. C;11. D;12. D

二、多项选择题

1. BC;2. ACD;3. AE;4. ACD;5. ABCD

三、判断题

1.√　2.×　3.×　4.×　5.√　6.×　7.√　8.√　9.×　10.×

四、填空题

1. 指标数值;2. 平均数时间数列;3. 104.2;4. 500.33;5. 99百件;6. 1319.58头;7. 139千吨;8. 86万元;9. $(1+r_1)(1+r_2)\cdots(1+r_n)-1$;10. 5万元;11. 14.87%;12. 季节变动;13. 26;14. 400%;15. 15.5万元

五、简答题

1.**答**:次数分布数列是指在统计分组的基础上,将各组组名及其次数按一定顺序排列所形成的数列;而时间数列是指将一系列同类指标数值按时间先后顺序排列所形成的数列。

它们的区别是:①二者形成的基础条件不同:次数分布数列是在统计分组的条件下形成的,而时间数列是指标数值在时间上有动态变化的前提下形成的。②二者构成要素的内容不同:次数分布数列的两个构成要素为分组和次数,时间数列的两个构成要素为时间和指标数值。③二者的作用不同:次数分布数列是为了说明总体单位在各组间的分布疏密状况,而时间数列则是为了说明经济现象动态发展变化的过程和结果。

2.答:相同点:都是平均数,均具有平均数的基本特征,即都具有代表性和抽象性。

区别:见教材“思考与练习”中思考题第 4 题的答案。

六、计算题

1.**解** 该企业第三季度的平均计划完成程度为:

$$\bar{c}=\frac{\sum a}{\sum b}=\frac{\sum bc}{\sum b}=\frac{500\times100\%+600\times103\%+800\times109\%}{500+600+800}=104.74\%$$

2.**解** 该企业第三季度生产工人人数占全体职工人数的平均比重为:

$$\bar{c}=\frac{\bar{a}}{\bar{b}}=\frac{\frac{a_1}{2}+a_2+\cdots+a_{n-1}+\frac{a_n}{2}}{\frac{b_1}{2}+b_2+\cdots+b_{n-1}+\frac{b_n}{2}}=\frac{\frac{435}{2}+452+462+\frac{576}{2}}{\frac{580}{2}+580+600+\frac{720}{2}}=\frac{1419.5}{1830}=77.6\%$$

3.**解** (1)第一季度月平均劳动生产率:

$$\bar{c}=\frac{\bar{a}}{\bar{b}}=\frac{\sum a}{\frac{b_1}{2}+b_2+b_3+\frac{b_4}{2}}=\frac{180+160+200}{\frac{600}{2}+580+620+\frac{600}{2}}=\frac{540}{1800}=0.3\text{(万元/人)}$$

(2)第一季度平均劳动生产率:

$$\bar{c}=\frac{\sum a}{\bar{b}}=\frac{\sum a}{(\frac{b_1}{2}+b_2+b_3+\frac{b_4}{2})\div n}=\frac{180+160+200}{(\frac{600}{2}+580+620+\frac{600}{2})\div3}=\frac{540}{600}=0.9\text{(万元/人)}$$

(或:第一季度平均劳动生产率 = 3 × 第一季度月平均劳动生产率 = 3 × 0.3 = 0.9(万元/人))

4.**解** (1)该地区人口数的年平均增长量为:

$$\frac{y_n-y_0}{n}=\frac{294-277}{5}=3.4\text{(万人)}$$

(2)该地区人口数的年平均增长速度为:

$$\sqrt[n]{\frac{y_n}{y_0}}-1=\sqrt[5]{\frac{294}{277}}-1=0.01198=1.198\%$$

(3)取 2009—2014 年对应的时间序号 t 分别为 −5,−3,−1,1,3,5,则:

$$a=\bar{y}=\frac{\sum y}{n}=\frac{277+281+284+287+290+294}{6}=285.5$$

$$b=\frac{\sum ty}{\sum t^2}=\frac{-277\times5-281\times3-284+287+290\times3+294\times5}{70}=1.64$$

所以建立的趋势方程为 $\hat{y} = 285.5 + 1.64t$，所以该地区 2015 年年末人口数预计为：

$$\hat{y}_{2015} = 285.5 + 1.64 \times 7 = 297\text{（万人）}$$

（注：若 t 取 1,2,3,4,5,6，则计算出的 $a = 274$，$b = 3.28$）

5. **解**

年份	产值（万元）	与上年比较			
		增长量(万元)	发展速度(%)	增长速度(%)	增长1%的绝对值(万元)
2006	100	——	——	——	——
2007	110	10	110	10	1
2008	121	11	110	10	1.1
2009	128.26	7.26	106	6	1.21
2010	133.26	5	103.9	3.9	1.2826

根据上表，利用水平法计算的 2007—2010 年的平均发展速度为：

$$\overline{x_G} = \sqrt[n]{\frac{a_n}{a_0}} = \sqrt[4]{\frac{133.26}{100}} = 107.4\%$$

所以对应的平均增长速度为 7.4%。

（或：$\overline{x_G} = \sqrt[n]{\prod x} = \sqrt[4]{110\% \times 110\% \times 106\% \times 103.9\%} = 107.4\%$）

6. **解**(1)从图 1 可以看出，该厂运动鞋销售量每年第一、四季度相对低，二、三季度相对高，这说明该运动鞋厂的销售量存在明显的季节变动。从图 2 的年度销售量的散点图可以看出，该厂运动鞋销售量逐年上升，呈明显线性上升趋势。

(2)方案：利用分解预测法进行预测，即从原始数据中分离出长期趋势和季节变动，借以预测，其具体步骤见教材"思考与练习"中的思考题的第 13 题。

(3)依题知：

$$\hat{T}_{21} = 15.51 + 0.48 \times 21 = 25.59\text{（万双）}$$

$$\hat{T}_{23} = 15.51 + 0.48 \times 23 = 26.55\text{（万双）}$$

于是该鞋厂 2015 年第一季度和第三季度的运动鞋销售量的预测值分别为：

$$\hat{y}_{2013/1} = 25.59 \times 84.85\% = 21.71\text{（万双）}$$

$$\hat{y}_{2013/3} = 26.55 \times 118.21\% = 31.38\text{（万双）}$$

第五章　统计指数

一、单项选择题

1. B；2. C；3. D；4. A；5. D；6. C；7. D；8. C

二、多项选择题

1. DE；2. BCDE；3. BCE；4. ABCDE；5. ABCD

三、判断题

1. √　2. ×　3. √　4. ×　5. ×　6. √　7. ×　8. ×

四、填空题

1. 质量指标指数；2. 125%；3. 83.33；4. 111.11%；5. 108%；6. 1万元

五、简答题

1. **答:**同度量因素是指在编制综合指数时，为了解决复杂现象不能直接加总而引入的一个媒介因素。

同度量因素将不同使用价值或不同内容的数值转化为同度量的数值，以便于综合；同时在综合指数的计算中，同度量因素也起到了权数的作用。

2. **答:**拉斯贝尔指数(以下简称拉氏指数)的特点是：它同度量因素固定在基期，可以消除同度量因素的变动对指数的影响，从而使不同时期的指数具有可比性。但拉氏指数也存在一定的缺陷，比如物价指数是在假定销售量不变的情况下报告期价格的变动水平，这一指数尽管可以单纯反映价格的变动水平，但容易脱离实际，因为从实际生活的角度看，人们更关心维持当下(报告期)的消费水平的条件下，价格变动对实际生活的影响。因此，拉氏价格指数在实际生活中应用得很少。而拉氏数量指数是假定价格不变的条件下报告期销售量的综合变动，它不仅可以单纯反映出销售量的综合变动水平，也符合计算销售量指数的实际要求。因此，拉氏数量指数在实际生活中应用地较多。

派许指数将同度量因素固定在报告期，虽然能避免脱离实际，但它不能消除同度量因素对指数的影响，使得不同时期的派许指数缺乏可比性。但派许物价指数可以同时反映出价格和消费结构的变化，具有比较明确的经济意义。实际应用中，常用派氏公式计算价格、成本等质量指数。派许物量指数由于包含了价格的变动，意味着是按调整后的价格来测定物量的综合变动，这本身不符合计算物量指数的目的，因此派许数量指数在实际中应用得很少。

六、计算题

1. **解** (1)销售量指数为：

$$\overline{K}_q = \frac{\sum q_1 p_0}{\sum q_0 p_0} = \frac{500 \times 770 + 520 \times 350 + 1080 \times 110}{450 \times 770 + 500 \times 350 + 900 \times 110} = \frac{685800}{620500} = 110.52\%$$

由于

$$\sum q_1 p_0 - \sum q_0 p_0 = 685800 - 620500 = 65300\ (\text{元})$$

这个数值表明由于三种产品销售量的变动(增长了10.52%)，导致销售额报告期比基期增加了65300元。

(2)价格指数为：

$$\overline{K}_p = \frac{\sum p_1 q_1}{\sum p_0 q_1} = \frac{700 \times 500 + 350 \times 520 + 100 \times 1080}{770 \times 500 + 350 \times 520 + 110 \times 1080} = \frac{640000}{685800} = 93.32\%$$

由于

$$\sum p_1 q_1 - \sum p_0 q_1 = 640000 - 685800 = -45800\ (\text{元})$$

因此三种产品的销售价格总的来说下降了6.68%，导致销售额减少了45800元。

2. **解** 根据题意建立指数体系为：销售额指数=产量指数×价格指数

(1)销售额指数：

$$\overline{K}_{qp} = \frac{\sum q_1 p_1}{\sum q_0 p_0} = \frac{344}{279} = 123.30\%$$

销售额增加：344－279＝65(万元)。

(3)价格指数：

$$\overline{K}_p=\frac{\sum q_1p_1}{\sum \frac{1}{k_p}q_1p_1}=\frac{344}{\frac{1}{1.15}\times 138+\frac{1}{1.20}\times 96+\frac{1}{1.10}\times 110}=\frac{344}{300}=114.67\%$$

价格下降使销售额变动：344－300＝44(万元)。

(3)销售量指数：

$$\overline{K}_q=\frac{\overline{K}_{qp}}{\overline{K}_p}=\frac{344/279}{344/300}=\frac{300}{279}=107.53\%$$

产量增加使总成本增加：300－279＝21(万元)。

(4)综合说明：

123.07％＝114.67％×107.53％

75 万元＝44 万元＋21 万元

计算结果表明：三种商品其销售额报告期比基期增长了 23.30％，增加了 65 万元。这是由于三种商品的销售量增加使销售额增长了 7.53％，增加了 21 万元，以及三种商品价格上升使销售额增长了 14.67％，增加了 44 万元共同影响的结果。

从上的分析可以看到，对于这三种商品，价格的上升是销售额变动的主要因素。

第六章　抽样分布与参数估计

一、单项选择题

1. D；2. D；3. B；4. C；5. A；6. D；7. B；8. B；9. D；10. A；11. A；12. C

二、填空题

1. 0.5；2. 2.8％；3. 4；4. 4；5. [445.4,484.6]；6. 2；7. [91.98％,98.02％]；8. [11952.4,12383,6]；9. [24.5625,24.8375]；10. 5％

三、简答题

1. **答：**点估计和区间估计的区别是：

(1)前者得出的是一个具体值，后者是一个区间。点估计是以抽样得到的样本指标作为总体指标的估计量，并以样本指标的实际值直接作为总体未知参数的估计值的一种推断方法；而通过总体中抽取的样本，根据一定的可靠度与精度要求，构造出适当的区间，以作为总体的分布参数的真值所在范围的估计。

(2)点估计没有估计的精度和可靠程度的要求。点估计本身没有给出估计的误差，点估计完全正确的概率通常情况下为 0，毫无把握可言。与之相对应，区间估计是在一定可靠程度下得出的推断，其得到的置信区间的范围长度就能说明估计的精度，区间范围越小，精度越高，反之则反。

二者的联系是：点估计是区间估计的基础，而区间估计也往往给出了点估计的精度。例如，在正态总体下，总体均值的置信区间以点估计为区间的中心，而置信区间的半径给出了点估计的极限误差。

2. **答：**(1)统计推断优良性的一个基本要求是无偏性。统计推断优良性要求包括无偏性、有效性与一致性，但无偏性统计推断的基本要求。是美国的《文摘》杂志向1000万个电话用户和文摘的订户发放了关于总统选举的民意调查问卷，显然有电话的用户和订杂志的读者是有文化的阶层，不能反映全体民众的意见，存在系统偏差可能。

(2)抽样调查的误差是可控误差。在样本是随机地从总体中抽出时，样本与总体间存在密切的联系，这种联系建立了样本推断总体的桥梁。显然样本是随机地从总体中抽出来的，通过样本的统计量推断总体参数，肯定存在抽样误差，但是抽样误差是可以控制的。抽样误差受样本容量、抽样方式、总体离散性和抽样组织形式等影响。抽样设计过程中可以通过这些影响因素来控制抽样误差。特别是样本容量的控制，在给定抽样的可靠性要求与精度要求条件下，可计算出应抽取的样本容量大小。样本容量满足了这个要求，也就能控制到抽样的概率保证与精度，从而满足控制抽样误差的需要。1000万个电话用户和文摘的订户的大容量，并不说明比随机抽样的方法抽选了2000多选民进行问卷调查误差控制更好，如果前者是有偏估计的话。

(3)抽样的组织形式的选择取决于对总体信息的了解与应用。当对总体结构缺乏充分信息的前提下，简单有机抽样是优先考虑的抽组织形式。

四、计算题

1. **解** (1)该校男生的平均身高的95%置信区间为：

$$\overline{x} \pm t_{0.025}(9)\frac{s}{\sqrt{n}} = 170 \pm 2.262 \times \frac{12}{\sqrt{10}} = [161.42, 178.58]$$

(2)依题可知 $\Delta = 9.5$，则：

$$\Delta = t_{\alpha/2}(9)\sigma_{\overline{x}} = t_{\alpha/2}(9)\frac{s}{\sqrt{n}} \quad \Rightarrow \quad t_{\alpha/2}(9) = \frac{\Delta\sqrt{n}}{s} = \frac{9.5 \times \sqrt{10}}{12} = 2.5035$$

于是：

$$1 - \frac{\alpha}{2} = P(t \leqslant t_{\alpha/2}(9)) = P(t \leqslant 2.5035) = 0.9832$$

由此得到 $1 - \alpha = 96.64\%$。

2. **解**(1) $\overline{x} = \frac{\sum xf}{\sum f} = 101$（克），$s = \sqrt{\frac{\sum (x-\overline{x})^2 f}{\sum f - 1}} = 1.21$（克），则该种食品平均重量95%的置信区间为：

$$\overline{x} \pm z_{0.025}\frac{s}{\sqrt{n}} = 101 \pm 1.96 \times \frac{1.21}{\sqrt{50}} = 101 \pm 0.33 = [100.67,\ \ 101.33]\text{（克）}$$

(2)已知 $p = 10\%$，故该批食品不合格率的95%置信区间为：

$$p \pm z_{0.025}\sqrt{\frac{p(1-p)}{n}} = 10\% \pm 1.96 \times \sqrt{\frac{10\% \times 90\%}{50}} = 10\% \pm 8.31\% = [1.69\%,\ \ 18.31\%]$$

即在95%的置信水平下，该批食品不合格率在1.68%至18.31%之间，因此没有超过20%。

3. **解**(1)已知 $\overline{x} = 6.5$，$s = 2.5$，$n = 225$，$z_{0.025} = 1.96$，故网络用户每天平均上网时间的95%置信区间为：

$$\overline{x} \pm z_{0.025}\frac{s}{\sqrt{n}} = 6.5 \pm 1.96 \times \frac{2.5}{\sqrt{225}} = 6.5 \pm 0.327 = [6.173,\ \ 6.827]$$

即在 95%的置信水平下,网络用户每天平均上网时间在 6.173 小时至 6.827 小时之间。

(2)已知 $p=40\%$,故年龄在 20 岁以下的网络用户的比重的 95%置信区间为:

$$p \pm z_{0.025}\sqrt{\frac{p(1-p)}{n}} = 40\% \pm 1.96 \times \sqrt{\frac{40\% \times 60\%}{225}} = 40\% \pm 6.41\% = [33.59\%,\quad 46.41\%]$$

即在 95%的置信水平下,年龄在 20 岁以下的网络用户的比例在 33.59%至 46.41%之间,因此没有超过 50%。

4. **解** (1)由于是无放回抽样,故:

$$\Delta_{\bar{x}} = z_{0.025}\sigma_{\bar{x}} = z_{0.025}\sqrt{\frac{s^2}{n}(1-\frac{n}{N})} = 1.96 \times \sqrt{\frac{12.52}{100} \times (1-\frac{100}{10000})} = 0.6905$$

从而该住宅区平均用水量的 95%置信区间为

$$\bar{x} \pm \Delta_{\bar{x}} = 12.5 \pm 0.6905 = [11.8095,\quad 13.1905]$$

所以,在 95%置信水平下,该住宅区总用水量在 118095 吨至 131905 吨之间。

(2)由于是无放回抽样,则:

$$\Delta_{\bar{x}} = z_{0.025}\sigma_{\bar{x}} = z_{0.025}\sqrt{\frac{s^2}{n}(1-\frac{n}{N})} = z_{0.025}\sqrt{s^2(\frac{1}{n}-\frac{1}{N})} = 0.1$$

将 $z_{0.025}=1.96$, $s^2=12.52$, $N=10000$ 代入上式,解得 $n=3248$ 。

(3)依题知 $p=0.4$,故:

$$\Delta_p = z_{0.025}\sigma_p = z_{0.025}\sqrt{\frac{p(1-p)}{n}(1-\frac{n}{N})} = 1.96 \times \sqrt{\frac{0.4 \times 0.4}{100} \times (1-\frac{100}{10000})} = 0.0955$$

从而该住宅区平均用水量的 95%置信区间为:

$$p \pm \Delta_p = 0.4 \pm 0.0955 = [0.3045,\quad 0.4955]$$

所以以 95%的可靠性估计用水超过标准的户数在 3045 户至 4955 户之间。

(4)若要求置信区间的宽度缩短为原来的一般,即要求应抽取的户数 n_1 满足方程:

$$z_{0.025}\sqrt{\frac{p(1-p)}{n_1}(1-\frac{n_1}{N})} = \frac{1}{2}z_{0.025}\sqrt{\frac{p(1-p)}{n}(1-\frac{n}{N})}$$

将 $p=0.4$, $n=100$, $N=10000$ 代入解得 $n_1=389$ 。即若使用的超标户的置信区间缩短一般,则应抽取 389 户做样本。

第七章 假设检验

一、单项选择题

1. A;2. A;3. B;4. D;5. B;6. B;7. A;8. B

二、填空题

1. $H_0:\mu \leqslant 1000$ VS $H_1:\mu > 1000$;2. 拒绝 H_0 ;3. 增加 ;4. 认为不合格率超过了规定的 10%;5. 不拒绝原假设 ;6. 不拒绝 H_0 ;7. $\left\{\frac{\bar{x}-\mu_0}{s/\sqrt{n}} \leqslant -t_\alpha(n-1)\right\}$;8. $\{z \leqslant -z_\alpha\}$;

9. $P(z \geqslant z_0)$;10. 充分

三、简答题

1. **答**:在原假设为真时,概率不超过显著性水平 α 的检验统计量的区域称为拒绝域。当显

著性水平 α 减小时，根据样本计算出的拒绝域的临界值增加，拒绝域的范围会变窄，反之则反。

2. **答**：(1)在大样本情形下（$n \geqslant 30$），无论总体分布是否服从正态分布，样本均值都服从(或近似服从)正态分布，此时均采用正态检验。当总体方差 σ^2 已知时，总体均值的检验统计量为：

$$z = \frac{\overline{x} - \mu_0}{\sigma/\sqrt{n}}$$

其中 μ_0 为总体均值的被假设值。

当总体方差 σ^2 未知时，可用样本方差 s^2 代替总体方差，此时总体均值的检验统计量为：

$$z = \frac{\overline{x} - \mu_0}{s/\sqrt{n}}$$

(2)在小样本情形下（$n < 30$），假设总体服从正态分布：

①当总体方差 σ^2 已知时，采用正态检验，总体均值的检验统计量为：

$$z = \frac{\overline{x} - \mu_0}{\sigma/\sqrt{n}}$$

②当总体方差 σ^2 未知时，采用 t 检验，总体均值的检验统计量为：

$$t = \frac{\overline{x} - \mu_0}{s/\sqrt{n}} \text{（在 } H_0 \text{ 为真时服从 } t(n-1)\text{）}$$

四、计算题

1. **解** 依题可建立假设：

$$H_0: \mu = 0.5 \qquad \text{VS} \qquad H_1: \mu \neq 0.5$$

已知 $n = 9$，$\sigma = 0.015$，通过样本计算得到 $\overline{x} = 0.511$，则：

$$z = \frac{\overline{x} - \mu_0}{\sigma/\sqrt{n}} = \frac{0.511 - 0.5}{0.015/3} = 2.2 > 1.96 = z_{0.025}$$

因此拒绝 H_0，认为当天包装机运行不正常。

2. **解** 依题建立假设：

$$H_0:\ \rho \leqslant 25\% \quad \text{VS} \quad H_1:\ \rho > 25\%$$

已知 $n = 400$，$p = 112/400 = 28\%$，则：

$$z = \frac{p - \rho_0}{\sqrt{\rho_0(1-\rho_0)/n}} = \frac{28\% - 25\%}{\sqrt{25\% \times 75\%/400}} = 1.3856 < 1.96 = z_{0.025}$$

所以不能拒绝 H_0，因而在 $\alpha = 0.05$ 的显著性水平下，不能认为该电视连续剧获得了成功。

3. **解**(1)数据的均值

$$\overline{x} = \frac{\sum x}{n} = \frac{10 + 55 + \cdots + 90}{12} = 43.75$$

将数据排序可得：10，25，25，30，30，40，45，50，55，55，70，90，则中位数为：

$$M_e = \frac{x_6 + x_7}{2} = \frac{40 + 45}{2} = 42.5$$

由分组数据可以看到众数有三个，分别是 25，30 和 55。

由于本题数据量少，且众数有多个，没有明显的集中趋势，因此本题不宜使用众数反映数据的一般水平。由于这组数据中，10 相对偏小，90 相对偏大，而算术平均数的主要缺点是易受到极端值的影响，对于偏态分布数据，平均数的代表性较差。因此中位数最能反映这组数据的一般水平，它是一组数据中间位置的代表值，不受数据极端值的影响。

(2)已知 $n=12$，$\overline{x}=43.75$，$s=22.1$，故：

$$\Delta=t_{0.025}(11)\frac{s}{\sqrt{n}}=2.20\times\frac{22.1}{\sqrt{12}}=14.04$$

所以总体均值95%的置信区间为：

$$\overline{x}\pm\Delta=43.75\pm14.04=[29.71,\quad 57.79]$$

(3)提出假设：

$$H_0:\quad \mu=35 \quad \text{VS} \quad H_1:\quad \mu\neq35$$

检验统计量的值为：

$$t=\frac{\overline{x}-\mu_0}{s/\sqrt{n}}=\frac{43.75-35}{22.1/\sqrt{12}}=1.37$$

由于 $|t|=1.37<2.20=t_{0.025}(11)$，所以不能拒绝原假设，即以当前样本信息，在5%的显著性水平下不能否定平均上班时间为35分钟。

4. **解**(1)已知 $\overline{x}=7$，$s=3$，$n=15000\times6\%=900$，$z_{0.025}=1.96$，故全校学生在校期间撰写论文或报告的平均篇数的95%置信区间为：

$$\overline{x}\pm z_{0.025}\frac{s}{\sqrt{n}}=7\pm1.96\times\frac{3}{\sqrt{900}}=7\pm0.196=[6.804,\quad 7.196]$$

即在95%的置信水平下，该校学生在校期间撰写论文或报告的平均篇数在6.804篇至7.196篇之间。

(2)建立假设：

$$H_0:\rho\leqslant75\% \quad \text{VS} \quad H_1:\rho>75\%$$

已知 $p=80\%$，则：

$$z=\frac{p-\rho_0}{\sqrt{\frac{\rho_0(1-\rho_0)}{n}}}=\frac{80\%-75\%}{\sqrt{\frac{75\%(1-75\%)}{900}}}=2\sqrt{3}>1.65=z_{0.05}$$

因此，在0.05的显著性水平下，拒绝 H_0，认为该校撰写论文的篇数不低于6篇的比重显著高于75%，即认为该校在评估中达标。

5. **解** (1)根据Excel的结果，有 $\overline{x}=23.275$ 小时，$\Delta_{\overline{x}}=3.791$ 小时，则在95%的置信水平下，求该校大学生平均每周上网时间的置信区间为：

$$\overline{x}\pm\Delta_{\overline{x}}=23.275\pm3.791=[19.484,\quad 27.066]\text{(小时)}$$

(2)依题可提出检验假设：

$$H_0:\rho=64\% \quad \text{VS} \quad H_1:\rho>64\%$$

容易得到，$p=26/36=72.22\%$，由于

$$z=\frac{p-\rho_0}{\sqrt{\frac{\rho_0(1-\rho_0)}{n}}}=\frac{72.22\%-64\%}{\sqrt{\frac{64\%\times36\%}{36}}}=1.028<1.645=z_{0.05}$$

因此，不拒绝 H_0，即不足以认为该校每周上网时间在15小时以上的学生的比例超过了64%。

(3)已知题目要求的 $\Delta_{\overline{x}}=3$ 小时，$\Delta_p=10\%$，$s=11.203$ 小时，则按抽样平均数与成数计

算的样本容量分别是：

$$n_1=\frac{z_{0.025}^2 s^2}{\Delta_{\bar{x}}^2}=\frac{1.96^2\times 11.203^2}{3^2}\approx 54\text{（人）}$$

$$n_2=\frac{z_{\alpha/2}^2 p(1-p)}{\Delta_p^2}=\frac{1.96^2\times 0.722\times 0.228}{0.1^2}\approx 78\text{（人）}$$

取以上计算结果中较大者，即 $n=78$，即在现有样本的基础上还应至少增加 42 名学生进行调查。

6. **解** (1)应该采用算术平均数来描述供应商甲和供应商乙灯泡寿命的一般水平，因为两个供应商灯泡使用寿命的分布基本上是对称钟型分布。

(2)先检验假设：

$$H_0:\sigma_{\text{甲}}^2=\sigma_{\text{乙}}^2 \quad \text{VS} \quad H_1:\sigma_{\text{甲}}^2>\sigma_{\text{乙}}^2$$

由于

$$F=\frac{s_{\text{甲}}^2}{s_{\text{乙}}^2}=\frac{44004.20}{23795.40}=1.85>1.54=F_{0.05}(59,59)$$

因此拒绝 H_0，认为甲供应商的灯泡使用寿命的方差大于乙供应商。

再检验假设：

$$H_0:\mu_{\text{甲}}=\mu_{\text{乙}} \quad \text{VS} \quad H_1:\mu_{\text{甲}}\neq\mu_{\text{乙}}$$

由于

$$z=\frac{\bar{x}_{\text{甲}}-\bar{x}_{\text{乙}}}{\sqrt{\frac{s_{\text{甲}}^2}{n}+\frac{s_{\text{乙}}^2}{m}}}=\frac{1110.27-1061.23}{\sqrt{\frac{44004.20}{60}+\frac{23795.40}{60}}}=1.46<1.96=z_{0.025}$$

因此不拒绝 H_0，即不足以认为甲、乙供应商提供的灯泡寿命不同。

综上所述，甲、乙供应商提供的灯泡的使用寿命没有显著差异，但甲供应商的灯泡使用寿命的方差大于乙供应商，因此，物业公司应选择乙供应商。

第八章　方差分析

一、单项选择题

1. B；2. D；3. B；4. A；5. C；6. B

二、填空题

1. 认为5个水平之间的差异是显著的；2. $\left\{\frac{MSA}{MSE}>F_\alpha(k-1,n-k)\right\}$；3. $(k-1)(r-1)$；

4. 0.8；5. 330；6. 方差齐性假定

三、简答题

1. **答**：方差分析不仅可以提高效率，同时由于它将所有的样本信息结合在一起，也增加了分析的可靠性。

检验多个总体均值是否相等时，如果作两两比较，则需要进行多次 t 检验或 z 检验。随着增加个体显著性检验的次数，偶然因素导致差别的可能性也会增加（并非均值真的存在差别）。而方差分析方法则是同时考虑所有的样本，因此排除了错误累计的概率，从而避免拒绝一个真实的原假设。

2. **答**：单因子方差分析的实质是研究一个分类型自变量对一个数值型因变量的影响。

单因子方差分析的步骤为：

(1)按要求检验 k 个水平的均值是否相等，提出原假设和备择假设；

(2)计算误差平方和 SST、SSE 和 SSA；

(3)计算检验统计量 $F=\frac{SSA/(k-1)}{SSE/(n-k)}$；

(4)作出决策：比较统计量 F 的值和临界值 $F_{\alpha}(k-1,n-k)$ 的大小，若 $F \geqslant F_{\alpha}(k-1,n-k)$，拒绝原假设，反之，不能拒绝原假设。

四、计算题

1. **解** (1)由已知得，组间平方和 SSA、组内平方和 SSE 及总平方和 SST 的自由度分别为：$f_A=4-1=3$，$f_E=48-4=44$，$f_T=48-1=47$，则：

$$SSA=MSA \cdot f_A=230\times 3=690\text{，}MSE=\frac{SSE}{f_E}=\frac{4866}{44}=110.59\text{，}$$

$$SST=SSA+SSE=690+4866=5556\text{，}F=\frac{MSA}{MSE}=\frac{230}{110.59}=2.08$$

补全的方差分析表如下表所示：

差异源	SS	df	MS	F	P－value
组间	690	3	230	2.08	0.12
组内	4866	4	110.59	——	——
总计	5556	47	——	——	——

(2)建立假设：

$H_0: \mu_1=\mu_2=\mu_3=\mu_4$（四种培训方案效果没有显著差异）

$H_1: \mu_1, \mu_2, \mu_3, \mu_4$ 不全相等（四种培训方案效果有显著差异）

根据题表中可得，P 值$=0.12>0.05$，故不能拒绝原假设，即没有证据表明这四种培训方案有显著差异。

2. **解** 方差分析表中的“行”指行因素，为轮胎供应商因素；“列”指列因素，为车速因素。

(1)设低速、中速、高速的平均磨损程度分别为 $\mu_{低速}$，$\mu_{中速}$，$\mu_{高速}$。

提出假设：H_0： $\mu_{低速}=\mu_{中速}=\mu_{高速}$ VS H_1：$\mu_{低速}$，$\mu_{中速}$，$\mu_{高速}$ 不全相等。

由于 P 值$=0.000002<0.01=\alpha$（或 $F_{车速}=97.68>8.65=F_{0.01}(2,8)$），拒绝原假设，表明不同车速对磨损程度有显著影响。

(2)设不同供应商轮胎的平均磨损程度分别为 μ_1，μ_2，μ_3，μ_4，μ_5。

提出假设：H_0： $\mu_1=\mu_2=\mu_3=\mu_4=\mu_5$ VS H_1：μ_1，μ_2，μ_3，μ_4，μ_5 不全相等。

由于 P 值$=0.000236<0.01=\alpha$（或 $F_{供应商}=21.72>7.01=F_{0.01}(4,8)$），拒绝原假设，表明不同供应商生产的轮胎的磨损程度有显著差异。

(3)上面的分析，所作出的假设有：

①每个总体都服从正态分布，即每家供应商的轮胎在行驶 1000 公里后的磨损程度服从正态分布，轮胎在低速、中速和高速行驶 1000 公里后的磨损程度服从正态分布。

②每个总体的方差 σ^2 都相同，即每家供应商的轮胎在行驶 1000 公里后的磨损程度的方差都相同，轮胎在低速、中速和高速行驶 1000 公里后的磨损程度的方差相同。

③观测值是独立的，即不同供应商牌和不同车速下的观测数据是独立观测获取的。

④无交互作用，即认为供应商牌和车速对轮胎的磨损程度的影响是独立的。

3. **解** (1)应该采用算术平均数来描述三种方法组装产品数量的一般水平，因为三种方法组装产品数量的偏态系数的绝对值均明显小于 0.5，说明相应的数据分布近似为对称分布，极端值不明显。

(2)根据表中的数据，可以计算得到三种组装方法的标准差系数分别为 $V_A = 0.0129$，$V_B = 0.0136$，$V_C = 0.0221$，可见 A 方法均值最大，同时标准差系数也最小，因此选择 A 方法。

(3)
$$F = \frac{\text{MSA}}{\text{MSE}} = \frac{7436.822}{5.101587} = 1457.747$$

由于 $F = 1457.747 > 3.219942 = F_{0.05}(2,42)$，因此拒绝三种方法的均值无差异的原假设，认为三种组装方法组装的产品个数存在着显著的差异。

第九章　相关与回归分析

一、单项选择题

1. D；2. C；3. A；4. C；5. B；6. B；7. A；8. B；9. A；10. B

二、填空题

1. <u>−1</u>；2. <u>0.8104</u>；3. <u>−0.9</u>；4. <u>0.9708</u>；5. <u>0.4</u>；6. <u>0.9</u>；7. <u>0.84</u>；8. <u>0.9</u>；9. <u>[60.56,65.44]</u>；10. <u>±1</u>；11. <u>负相关</u>；12. <u>序列不相关的假定</u>

三、计算题

1. **解** (1) $\hat{\beta}_1 = \dfrac{\sum(x-\bar{x})(y-\bar{y})}{\sum(x-\bar{x})^2} = \dfrac{3000}{2000} = 1.5$，$\hat{\beta}_0 = \bar{y} - \hat{\beta}_1\bar{x} = 66 - 1.5\times 50 = -9$

所以建立销售收入与销售成本的一元线性回归模型为：

$$\hat{y} = -9 + 1.5x$$

计算出的常数项符号为负，与一般经济理论相符，它说明即使没有销售收入($y=0$)，该百货公司也存在着平均 $9/1.5 = 6$ 万元的成本。

(2)
$$R^2 = \hat{\beta}_1^2 \frac{\sum(x-\bar{x})^2}{\sum(y-\bar{y})^2} = 1.5^2 \times \frac{2000}{4600} = 0.9783$$

(3) $\text{ESS} = \text{TSS}\times(1-R^2) = 4600(1-0.9783) = 99.82$，则：

$$s_e = \sqrt{\frac{\text{ESS}}{n-2}} = \sqrt{\frac{99.82}{10}} = 3.16，s_{\hat{\beta}_1} = \frac{s_e}{\sqrt{\sum(x-\bar{x})^2}} = \frac{3.16}{\sqrt{2000}} = 0.071，$$

$$t_1 = \frac{\hat{\beta}_1}{s_{\hat{\beta}_1}} = \frac{1.5}{0.071} = 21.13$$

显然 $|t_1| \geqslant t_{0.025}(10) = 2.228$，因此在 5% 的显著性水平下，拒绝 $\beta_1 = 0$ 的原假设，认为 y 与 x 之间的线性关系显著成立的。

2. **解** (1)依据题目已知，有：

$$\hat{\beta}_1 = \frac{\sum(x-\bar{x})(y-\bar{y})}{\sum(x-\bar{x})^2} = \frac{334229.09}{425053.73} = 0.7863，$$

$$\hat{\beta}_0 = \overline{y} - \hat{\beta}_1 \overline{x} = 549.8 - 0.7863 \times 647.88 = 40.372$$

故所求的简单线性回归方程为：

$$\hat{y} = 40.372 + 0.7863x$$

$\hat{\beta}_1 = 0.7863$ 反映了边际消费倾向，它表示当人均收入增加 1 元时，人均消费平均增加 0.7863 元。$\hat{\beta}_0 = 40.372$ 是自发消费，它与人均收入没有关系，是人们为了维持基本的生活需要(哪怕收入为 0)所必须的基本的人均消费额度。

(2) $$R^2 = \hat{\beta}_1^2 \frac{\sum (x-\overline{x})^2}{\sum (y-\overline{y})^2} = 0.7863^2 \times \frac{425053.73}{262855.25} = 0.9998$$

由 TSS=RSS+ESS，$R^2 = \frac{\text{RSS}}{\text{TSS}}$ 可得，$\text{ESS} = \text{TSS} \times (1-R^2)$。因此回归估计的标准误差为：

$$s_e = \sqrt{\frac{\text{ESS}}{n-2}} = \sqrt{\frac{\text{TSS} \times (1-R^2)}{n-2}} = \sqrt{\frac{262855.25 \times 0.0002}{10}} = 2.29\,(\text{元})$$

$R^2 = 0.9998$ 说明人均消费的总变动中，有 99.98% 可由人均消费与人均收入的线性关系(即回归方程)来解释，未被解释的部分仅占 0.02%，模型的拟合优度很高。

$s_e = 2.29$ 元说明依据建立的回归方程，根据人均收入来预测人均消费，平均的预测误差为 2.29 元。

(3)提出假设： $H_0: \beta_1 = 0$ VS $H_1: \beta_1 \neq 0$

根据上面的计算可得：

$$s_{\hat{\beta}_1} = \frac{s_e}{\sqrt{\sum (x-\overline{x})^2}} = \frac{2.29}{\sqrt{425053.73}} = 0.003512,\quad t = \frac{\hat{\beta}_1}{s_{\hat{\beta}_1}} = \frac{0.7863}{0.003512} = 223.8895$$

由于 $t = 223.8895 > t_{0.025}(10) = 2.228$，所以拒绝原假设，即认为 x 的回归系数显著不为 0。

(4)当 $x_0 = 800$ 时，$\hat{y}_0 = 40.372 + 0.7863 \times 800 = 669.4$ (元)。

对于给定的 x_0，y 的个别值 y_0 在 95% 的置信水平下的预测区间为：

$$\hat{y}_0 \pm t_{\alpha/2}(10) s_e \sqrt{1 + \frac{1}{n} + \frac{(x_0-\overline{x})^2}{\sum (x-\overline{x})^2}} = 669.4 \pm 2.228 \times 2.29 \times \sqrt{1 + \frac{1}{12} + \frac{(800-647.88)^2}{425053.73}}$$

$$= [664.0,\quad 674.8]$$

所以人均收入为 800 元，相应的人均消费的置信度为 95% 的预测区间为 664.0 元至 674.8 元。

3. **解**(1)

$$\hat{\beta}_1 = \frac{\sum xy - n\overline{x}\overline{y}}{\sum (x-\overline{x})^2} = \frac{2574 - 10 \times 29.3 \times 8.1}{9 \times 110.23} = 0.2023,$$

$$\hat{\beta}_0 = \overline{y} - \hat{\beta}_1 \overline{x} = 8.1 - 0.2023 \times 29.3 = 2.1725$$

因此 y 关于 x 的线性回归方程为：

$$\hat{y} = 2.1725 + 0.2023x$$

β_1 为边际消费倾向，$\hat{\beta}_1 = 0.2023$ 说明家庭收入每增加 100 元，家庭消费平均增加 20.23 元。

(2) $$R^2=\hat{\beta}_1{}^2\frac{\sum(x-\overline{x})^2}{\sum(y-\overline{y})^2}=0.2023^2\times\frac{110.23}{4.99}=0.9041$$

这表明家庭消费的变动中,可以由建立的回归模型解释的部分占 90.41%,未解释的部分仅占 9.59%,说明模型的拟合优度很高。

(3) $$s_e=\sqrt{\frac{\text{ESS}}{n-2}}=\sqrt{\frac{\text{TSS}(1-R^2)}{n-2}}=\sqrt{\frac{9\times4.99\times(1-0.9041)}{8}}=0.7338$$

$$\hat{y}_0=2.1725+0.2023\times45=11.2762$$

当 $x=4500$ 元时,消费 y 的 95%置信区间为:

$$\hat{y}_0\pm t_{0.025}(8)\sqrt{1+\frac{1}{n}+\frac{(x_0-\overline{x})^2}{\sum(x-\overline{x})^2}}s_e$$

$$=11.2762\pm2.306\times\sqrt{1+\frac{1}{10}+\frac{(45-29.3)^2}{9\times110.23}}\times0.7338=[9.31,13.24]$$

即在 95%的置信度下,当 $x=4500$ 元时,消费 y 在 931 元至 1324 元之间。

4. **解**(1) $\overline{R}^2=0.928$ 表明建立的回归模型可以解释外汇收入总变差的 92.8%,还有 7.2%未被模型解释。

(2)因为

$$t_1=\frac{\hat{\beta}_1}{s_{\hat{\beta}_1}}=\frac{0.186}{0.031}=6>2.048=t_{0.025}(28)$$

所以回归系数 β_1 显著,即外汇收入与旅行社职工人数的线性关系显著成立。

(3)国际旅游人数越多,外汇收入越高。因为

$$t_2=\frac{\hat{\beta}_2}{s_{\hat{\beta}_2}}=\frac{1.560}{0.520}=3>1.701=t_{0.05}(28)$$

所以,回归系数 β_2 显著大于 0,外汇收入与国际旅游人数正相关关系显著成立,即国际旅游人数越多,外汇收入越高。

5. **解**(1)会选择(b)模型,理由是该模型中 D 的系数估计值在统计上显著。

(2)如果模型(b)确实更好而却选择了(a),则犯了模型设定错误,即遗漏了重要解释变量。

(3)D 的系数说明一个现实中比较普遍的现象,即男生的体重大于女生的体重。在本例中,D 的系数为 23.8238,说明男生的体重比女生平均多出 23.8238 磅。

6. **解** (1)一元线性回归中,回归系数为正数,所以收入和支出之间存在正相关关系(或直接根据现实经济意义判断为正相关),则 $r=\sqrt{R^2}=\sqrt{0.9188}=0.9585$ 。

(2)根据本题的经济意义,考察的是收入与支出的关系,即随着收入的增加,支出是否也会增加。所以对收入进行 t 检验,应进行右侧检验。其检验假设为:

$$H_0:\beta_1=0\quad \text{VS}\quad H_1:\beta_1>0$$

由 Excel 计算结果可知,收入的回归系数的检验统计量 $t=\frac{\hat{\beta}_1}{s_{\hat{\beta}_1}}=23.30$,且在进行双侧检验时的 P-value=0.0000,即有:

$$P(|t|\geqslant23.30)=0.0000$$

则:

$$\text{右侧检验的 P-value} = P(t \geqslant 23.30) = \frac{0.0000}{2} < \alpha = 0.01$$

所以在 $\alpha = 0.01$ 的显著性水平下，拒绝原假设，认为收入和支出之间存在正的线性关系（支出随着收入的增加而增加）。

(3)由表 2 可以得到，线性回归方程为：$\hat{y} = 191.91 + 0.62x$ 。

回归系数 $\hat{\beta}_1 = 0.62$ 反映了边际消费倾向，它表示当月收入增加 1 元时，月消费支出平均增加 0.62 元。$\hat{\beta}_0 = 191.91$ 是自发消费，它与月收入没有关系，是人们为了维持基本的生活需要（哪怕月收入为 0）所必须的月基本消费额度。

当月收入 $x_0 = 3000$ 元时，平均支出的预测值为：

$$\hat{y}_0 = 191.91 + 0.62 \times 3000 = 2051.91\text{（元）}$$

参考文献

[1] 汪朋. 统计学——原理、方法及应用[M]. 西安:西安交通大学出版社,2016.

[2] 贾俊平. 统计学[M]. 4 版. 北京:中国人民大学出版社,2011.

[3] 曾五一,肖红叶. 统计学导论[M]. 北京:科学出版社,2007.

[4] 李洁明,祁新娥. 统计学原理[M]. 6 版. 上海:复旦大学出版社,2014.

[5] 赵喜仓,查奇芬. 统计学[M]. 北京:北京师范大学出版社,2010.

[6] Thomas A. Williams,Dennis J. Sweeney,David R. Anderson. 商务与经济统计[M]. 张建华,王健,等译. 5 版. 北京:中国人民大学出版社,2014.

[7] 贾俊平. 统计学学习指导书[M]. 6 版. 北京:中国人民大学出版社,2015.

[8] 徐国祥. 统计学学习指导与习题[M]. 2 版. 上海:格致出版社,2014.

[9] 袁卫、庞皓. 统计学习题与案例[M]. 北京:高等教育出版社,2006.

[10] 曾五一. 统计学概论教学指导与习题解答[M]. 北京:首都经济贸易大学出版社,2005.

[11] 陈珍珍. 统计学学习指导与练习[M]. 厦门:厦门大学出版社,2013.

[12] 圣才考研网. 统计学考研真题(含复试)与典型习题详解[M]. 北京:中国石化出版社,2011.

[13] 袁卫. 统计学笔记和习题(含考研真题)详解[M]. 北京:中国石化出版社,2012.

[14] 黄良文. 统计学:学习指导与习题[M]. 北京:中国统计出版社,2010.

[15] 袁卫,刘超. 统计学:思想、方法及应用案例与学习指导[M]. 北京:中国人民大学出版社,2013.

图书在版编目(CIP)数据

统计学:原理、方法及应用学习指导书/汪朋主编.
—西安:西安交通大学出版社,2016.9(2024.7 重印)
ISBN 978-7-5605-9009-7

Ⅰ.①统… Ⅱ.①汪… Ⅲ.①统计学—高等学校—教材 Ⅳ.①C8

中国版本图书馆 CIP 数据核字(2016)第 222451 号

书　　名 统计学——原理、方法及应用学习指导书
主　　编 汪　朋
责任编辑 李逢国

出版发行 西安交通大学出版社
(西安市兴庆南路 1 号　邮政编码 710048)
网　　址 http://www.xjtupress.com
电　　话 (029)82668357　82667874(市场营销中心)
(029)82668315(总编办)
传　　真 (029)82668280
印　　刷 西安日报社印务中心

开　　本 787mm×1092mm　1/16　**印张** 9.875　**字数** 236 千字
版次印次 2016 年 9 月第 1 版　2024 年 7 月第 5 次印刷
书　　号 ISBN 978-7-5605-9009-7
定　　价 24.80 元

如发现印装质量问题,请与本社市场营销中心联系。
订购热线:(029)82665248　(029)82667874
投稿热线:(029)82668133　(029)82664840
读者信箱:xj_rwjg@126.com